Thomas Morus

Mit einem Essay von Walter Nigg
48 Farbtafeln von Helmuth Nils Loose
und Texten aus der Biographie von Thomas Stapleton, 1588
sowie Briefauszügen und Notizen von Zeitgenossen

Thomas Morus

Der Heilige des Gewissens

Herder Freiburg · Basel · Wien

Fotograf und Verlag danken für Unterstützung und Hilfe bei den Aufnahmen
für dieses Buch: Mr. Richard Ormond, National Portrait Gallery, London;
Mr. W. M. Winn, Lambeth Palace, London; Mrs. Christine Davison,
Public Relations Office City of London, Guildhall; The Mercer's Company,
London; The honorable Society of Lincoln's Inn, London;
Mr. K. A. Walker, Constable's Office HM Tower of London;
Department of the Environment, London; Victoria-and-Albert-Museum,
London; Musée de Cluny, Paris; Service d'Archives, Lille; Herzog Anton
Ulrich-Museum, Braunschweig; Smeets Offset B.V., Weert.

ZWEITE AUFLAGE

Offsetreproduktionen: Rito AG, Zürich
Gesamtherstellung: Freiburger Graphische Betriebe 1979
ISBN 3-451-17791-9

Inhalt

**Thomas Morus
Der Heilige des
Gewissens**
Von Walter Nigg

Zur Einstimmung: Porträt eines Heiligen 7
Erziehung eines jungen Mannes 11
Humanismus als Lebensform 13
Das schöne Haus in Chelsea 18
Was die Utopier tun 24
Die goldene Kette um den Hals 29
Ein unköniglicher König 32
Dem Gewissen verpflichtet 35
Ein Gebundener Jesu Christi 38
Trost im Leiden 44
Auf dem Schafott 49
Nachwirkung: Weißer als Schnee 54

**Thomas Morus
und seine Welt**
*Bildteil von H. N. Loose
mit Texten aus der
Biographie von
Th. Stapleton (1588)
und zeitgenössischen
Briefen*

Der junge Gelehrte –
Zwischen Pflicht und Neigung 58
Der Richter und Familienvater –
In des Königs Gunst 71
Staatspolitiker im Zeitalter der Reformation –
Der Kanzler des Königs 90
Der Gefangene des Königs –
Märtyrer aus Gewissensgründen 100

Bildregister 115

Zur Einstimmung: Porträt eines Heiligen

Nach dem Urteil des Essayisten Hofmiller sind „die Heiligenleben manchmal stofflich ergiebiger und menschlich anziehender als Silberpapier- und Blaustrumpfliteratur". Die Feststellung ist durchaus richtig, aber die Frage geht weiter und zielt zugespitzt dahin: Warum kommen wir von der öden Silberpapierliteratur, selbst wenn sie sich in einer modernen Gewandung zeigt, nicht los? Weshalb fallen wir auf jeden unbedeutenden Schmöker und auf jedes geschmacklose Theaterschauspiel herein, die von den sensationslüsternen Massenmedien hochgejubelt werden? Ist daran unser verwirrtes Urteilsvermögen schuld, das nicht mehr zwischen gehaltvollen Büchern und wertloser Unterhaltungsschriftstellerei zu unterscheiden vermag? Oder liegt es gar nicht an der emanzipierten Blaustrumpfliteratur, sondern an der mittelmäßigen Ware mit ihrem muffigen Gerüchlein, die uns im vergangenen Jahrhundert als Heiligenliteratur vorgesetzt wurde und die oft im Leser einen solchen Widerwillen erweckt hat, daß er sein ganzes Leben lang keine Heiligenvita mehr in die Hand nahm? Es lohnt sich, über diese Gewissensfrage nachzudenken. Allezeit ist es ratsam, den Fehler bei sich und nicht bei den andern zu suchen. Wie es auch um die effekthaschende Silberpapierliteratur bestellt sein mag, eines steht fest: Das Leben der Heiligen neu zu sehen, es von mehreren Seiten wahrzunehmen, gleicht einer kühnen Entdeckungsfahrt. Ein noch unbekanntes Neuland liegt vor uns, und unsere Aufgabe besteht darin, ein Heiligenleben zum eigenen Erlebnis werden zu lassen! Das neue Überwältigtwerden von den Heiligen würde den großen Atem in unser Dasein hineinbringen, alles bekäme eine andere Dimension, und die Langeweile wäre mit einem Schlag verschwunden.

Doch wie soll dies geschehen, nachdem Ida Friederike Görres einmal in ihr Tagebuch notiert hat: „Was bedeutet es eigentlich, daß gegenwärtig so komische Leute heiliggesprochen werden? So gänzlich unbedeutende, uninteressante? Einerseits bedrückt mich das als ein Dekadenzzeichen (es stimmt auch etwas nicht dabei –), anderseits, darüber hinaus, in der ‚zweiten Intention', vom Heiligen Geist her, mag es enthalten, daß sich die Heiligkeit der Kirche heute in der ‚dunklen Mondhälfte' äußert, nicht mehr in Sonnengestalten, strahlenden, faszinierenden." Der Bemerkung der verdienstvollen Hagiographin liegt eine scharfsichtige Beobachtung zugrunde. Wenn nur noch Ordensstifter und fromme Klosterschwestern heiliggesprochen werden, entsteht ein ungutes Gefühl. Es bekundet sich darin zum mindesten eine Einseitigkeit – das Kirchenschiff fährt Schlagseite. Laien, Ehegatten, in der Welt lebende Christen haben doch auch ein Anrecht darauf, kanonisiert zu werden.

Bei dem 1935 heiliggesprochenen Thomas Morus trifft jedoch J. F. Görres' Kritik nicht zu. Er war alles andere als eine kleinkarierte Figur, an die man die Frage richten müßte: „Kleiner Mann was nun?" Thomas Morus hatte Format und zählt zu den hervorragendsten Engländern aller Zeiten. Er ist groß und wurde immer größer, zuerst in seiner äußeren Laufbahn und hernach auch in seiner inneren Entwicklung. Der der Geistesaristokratie angehörende Thomas Morus war eine strahlende, faszinierende Gestalt und verdient unsere restlose

Bewunderung. Es ist überaus erfreulich, sich mit dieser anziehenden Persönlichkeit zu beschäftigen; je eingehender man es tut, um so größer wird die Freude.

Einen ersten Eindruck von Thomas Morus vermittelt das bekannte Gemälde des wahrheitsliebenden Porträtisten Hans Holbein. Es ist das Bildnis eines Mannes, der sich über die Innenwelt und über die Außenwelt Gedanken macht. Eine leise Traurigkeit überschattet sein Antlitz, und die klaren Augen scheinen in unbekannte Fernen zu schauen. Zwar wurde schon von theologischer Seite die Frage aufgeworfen: „Ist dies das Gesicht eines Heiligen?" Warum auch nicht? Gehört denn zu einem Heiligen durchaus eine Kreuzträgermiene mit himmelndem Augenaufschlag? Dies entspricht doch höchstens jener verdrehten Auffassung, die die Heiligenliteratur in Verruf gebracht hat. Gewiß hatte Thomas Morus' pelzgeschmücktes Gewand keine Ähnlichkeit mit dem Kleid aus Kamelhaaren von Johannes dem Täufer, innerlich aber stand er ihm ganz nahe. Der Ausdruck des Antlitzes auf dem Gemälde Holbeins zeigt Verantwortungsgefühl, Ausgeglichenheit und Festigkeit. Sein Künstlerauge hat dies alles wahrgenommen und hat es malerisch auf das feinste gestaltet, ja, in der Weise sahen die echten Heiligen aus, deren Bildnisse wir in unsere Seele aufnehmen müßten, damit wir berührt würden davon. Die nichtige Silberpapierliteratur würde dann wie ein Kartenhaus in sich zusammenfallen.

Holbeins Bildnis von Thomas Morus erfährt eine Ergänzung durch Erasmus' Briefe über den Lordkanzler. Der Künstler und auch der Humanist waren Augenzeugen, kannten Thomas Morus persönlich, hatten monatelang als Gast bei ihm gewohnt und waren imstande, aus eigenen Beobachtungen zu schöpfen. „Was hat je die Natur Milderes, Lieblicheres oder Glücklicheres geformt als das Genie des Thomas Morus?" fragte Erasmus und fügte hinzu: „Wenn Du Thomas Morus ganz kenntest, würdest Du bekennen, daß nichts in aller Welt Deine Liebe mehr verdiente als er." Die ausführlichste Schilderung von Thomas Morus gibt der holländische Humanist in einem Brief an Hutten, der, besser als alle kunstgeschichtlichen Betrachtungen, Holbeins Gemälde von innen her unterstreicht: „Um da zu beginnen, wo Dir Thomas Morus ganz unbekannt ist: er ist von Statur und Körpermaß kein ‚Großer', doch auch kein auffallend ‚Kleiner'; alle seine Glieder sind so ebenmäßig gebaut, daß nichts zu wünschen übrigbleibt. Seine Haut ist hell, das Antlitz mehr rosig als bleich. Die Haare sind von einem dunkeln Blond. Bart hat er nicht viel, die Augen sind blaugrau. Der Blick entspricht dem Geiste, stets angenehm freundlich und liebenswürdig, zum Lächeln geneigt und, ehrlich gesagt, mehr auf Herzlichkeit als auf Ernst und Würde gestimmt ... Ich habe noch niemand gesehen, der weniger peinlich seine Speisen wählte als Thomas Morus ... Niemand läßt sich weniger vom Urteil der Menge leiten, aber niemand steht auch dem Durchschnittsempfinden ferner. Allem Menschlichen, das ihm begegnet, weiß er eine angenehme Seite abzugewinnen, auch sehr ernsten Dingen usw." Freundesliebe hat diesen langen Brief geschrieben, der eine vorzügliche Charakterisierung enthält.

Thomas Morus war ein Mann des beginnenden sechzehnten Jahrhunderts. Er spielte eine führende Rolle in der englischen Hauptstadt, die schon damals eine geschichtsträchtige, von der Renaissanceluft erfüllte Stadt war. In diesem historischen Rahmen vollzog sich das

Leben von Thomas Morus. R. W. Chambers, der die beste Biographie über Thomas Morus schrieb, hat seine Verwobenheit mit der Zeit sehr gut verstanden. Er hat wohl daher den Staatsmann allzu stark auf Kosten des Heiligen in den Vordergrund gerückt, dafür aber ist seine Arbeit über ihn frei von jedem Weihrauchduft. Wenn Shakespeare seinen Plan ausgeführt hätte, über Thomas Morus ein Schauspiel zu schreiben – es liegt nur ein kurzes Fragment vor –, so wäre wegen des dramatischen Naturells des Dichters Thomas Morus' erschütternde Tragödie allen Menschen zum Bewußtsein gekommen. Doch geben seine Briefe den unmittelbarsten Eindruck seines Wesens, besonders jene aus dem Gefängnis, in denen er sich selbst uns mitteilt, uns förmlich schenkt. An Aussage übertreffen sie Holbeins Gemälde und Erasmus' Schilderung; man kann sie nicht genug lesen, sind sie doch eine Gabe von zeitlosem Wert.

Der Lordkanzler war trotz aller Beschäftigung mit religionsphilosophischen Fragen kein Theologe. Von einer ausgesprochenen Frömmigkeit geprägt, führte er von früher Jugend an das Leben eines Christen. Ihm verdanken wir das christliche Menschenbild, um dessen Sichtbarmachung es uns doch bei der Schilderung von Heiligen vor allem geht. Bei jeder Lektüre eines Buches fragen wir heimlicherweise stets nach der positiven Gestalt unserer Zeit, eine Frage, auf die einzig das christliche Menschenbild die endgültige Antwort weiß. Freilich muß man dabei an das Wort von Bernanos denken: „Christ zu sein, dies ist das Wunder." Die ungewöhnliche Formulierung deutet das außerordentliche Sein des Christen an, das den ganzen Menschen erfordert und das man im besten Fall immer nur erstreben kann und selten erreicht. Thomas Morus war in erster Linie Christ, ein Gesichtspunkt, der allein seine facettenreiche Gestalt im wahren Licht aufleuchten läßt. Wir meinen den Christen zu kennen, ob wir ihn aber wirklich kennen, das ist die Frage.

Uns interessiert nicht das Heilige, das sich wissenschaftlich analysieren läßt, als wäre es ein abstraktes Neutrum. Wir denken personalistisch, deswegen erfassen wir Thomas Morus als Christ in potenzierter Form, und gerade das ist der Heilige. Die personalistische Auffassung des Heiligen brennt uns auf der Seele. Sie ist bei Thomas Morus zunächst fast unsichtbar, jedenfalls diskret und nimmt erst in seiner letzten Phase dramatischen Charakter an. Um das Thema noch konkreter zu formulieren: Thomas Morus war der Heilige mitten in der Welt, der Heilige, der sich in der Familie, im Berufsleben, am Hof bewegte und dabei doch nicht von der Welt war. Einzig der Heilige, der als Weltmann mitten im Leben steht, vermag dem Christen von heute zu einem wirklichen Vorbild zu werden. Die Sicht vom Weltheiligen verleiht Thomas Morus eine unerwartete Aktualität und bringt zugleich eine lebendige Spannung in unser Dasein hinein, die aller Trägheit des Herzens ein Ende bereitet.

Der in der Welt auftretende Heilige ist der gute Mensch, das Wort im Sinne von Dostojewskijs „Idioten" verstanden: „Leb wohl, ich habe zum ersten Mal einen Menschen gesehen." Offenbar bekommt man den guten Menschen nicht jeden Tag zu Gesicht. Er hat beinahe Seltenheitswert, aber wir hören nicht auf, mit heimlicher Sehnsucht ihn zu entdecken. Thomas Morus war ein wirklich guter Mensch. Er hatte Gerechtigkeit im Sinne und war jedem Unrecht abhold. Als guter Mensch und überzeugter Christ ist er zum exemplarischen

Heiligen geworden. Das bloße Vorhandensein eines echt christlichen Menschen erlöst uns vom Kult mit dem pervertierten Menschen, den die moderne Silberpapierliteratur in allen Variationen abwandelt und dem wir bewußt den Heiligen als Gegenspieler des Nihilismus entgegenstellen. Nur die Besinnung auf das christliche Menschenbild bringt eine Gesundung. Ein Vertreter dieses Ebenbildes Gottes war Thomas Morus, der uns anblickt und den wir anblicken und der uns darob unser wahres Selbst finden läßt. Der Heilige in der Welt hat ein zentrales Wort in unsere hektische Zeit hineinzusprechen, ein Wort, das uns trifft, uns erregt und uns zugleich hilft.

Richter Sir John More, der Vater Thomas Mores. Rötelzeichnung von Hans Holbein d. J. – Windsor Castle, Royal Library

Erziehung eines jungen Mannes

Wir wissen nichts über die Kindheit von Thomas Morus; die Geschichte hat uns keine einzige Anekdote überliefert. Das kleine Bübchen Thomas ist die Unbekannte in der biographischen Rechnung.

Er stammte aus einer guten Familie, die an der „Milchstraße" in London wohnte. Sein Vater, Richter am Königlichen Gerichtshof, vertrat ernste Grundsätze und erreichte ein hohes Alter. Von der Mutter ist nur der Name bekannt.

Der Vater wünschte ausdrücklich, daß sein Sohn die gleiche Laufbahn einschlage. Der junge Thomas kam dem väterlichen Wunsch nach, dies war nach der patriarchalischen Auffassung von damals selbstverständlich. „Vater und Sohn blieben ihr ganzes Leben lang miteinander verbunden. Als Thomas Morus Kanzler war, pflegte er in den Gerichtssälen zu Westminster auf den Knien um den Segen seines Vaters zu bitten", eine für unsere Zeit unvorstellbare Szene, die doch nicht so abwegig war, wie sie dem modernen Menschen erscheint.

Zunächst lernte der kleine Thomas an der St.-Antonius-Schule Latein. Er wohnte bei den Kartäusern, was damals möglich war und heute durch die Ordensregel verboten ist. Wenn er auch nicht Novize war, empfing er trotzdem starke Eindrücke durch die heroische Lebensweise der Kartäuser. Es ist nicht gleichgültig, ob ein heranwachsender Mensch ein respektgebietendes oder ein bloß gewohnheitsmäßiges Christentum zu sehen bekommt; das eine so gut wie das andere bleibt nicht ohne Wirkung auf ihn. Die Kartäuser vertraten nie ein Allerweltschristentum und haben sich auch nie den Zeitströmungen angepaßt, im Gegenteil, sie behielten ihre ernste, überaus strenge Auffassung vom Christentum, und noch heute lautet ihre Losung: „Lieber aussterben als nachgeben". Aus diesem Grunde erlebte ihr Orden im Laufe der Geschichte nie einen Verfall, und er bedurfte daher auch keiner Erneuerung. Der Besuch in einem Kartäuserkloster vermittelt einem Menschen unvergeßliche Eindrücke. Auch Thomas Morus' christliche Lebensführung kommt von daher, ist doch die kartäusische Spiritualität eine der Ursprungsquellen seiner religiösen Haltung. Stets nahm er am Gottesdienst teil, beobachtete die Fastenzeiten und verabscheute die Völlerei. Natürlich erfuhr sein christliches Verständnis im Laufe der Zeit eine wesentliche Vertiefung, den Anfang aber hat es bei den Kartäusern genommen.

Sein Vater gab ihn hierauf dem Kardinal John Morton, Erzbischof von Canterbury und Kanzler des Königs, zur weiteren Ausbildung. In seinem Hause hatte er Pagendienste zu verrichten. Beim Kardinal gingen die besten Männer Englands ein und aus, führten mit ihm bedeutsame Gespräche, denen der junge Thomas begierig zuhörte. Der Kardinal sagte von ihm: „Aus diesem Knaben wird dereinst ein außerordentlicher Mann. Wer es erlebt, der wird es erfahren." Im erzbischöflichen Palast lernte Thomas die feinen Umgangsformen, tat seine ersten Blicke in die große Welt und erfuhr, auf welche Weise in England Politik gemacht wird.

Freilich fehlte ihm noch ein größeres Wissen. Sein Vater sandte ihn deswegen an eine der besten Universitäten im ehrwürdigen Oxford. Die väterliche Anordnung entsprach ganz seinen eigenen Wünschen, denn der junge Thomas war von einem großen Wissensdrang erfüllt, und das Studium machte ihm Freude. Er wuchs zu einem überaus gebildeten Menschen heran, der nicht nur oberflächlich über allerlei zu reden verstand, sondern sich genau mit den Dingen befaßt hatte und ein sachgemäßes Urteil abgeben konnte. Nie behauptete er etwas ins Blaue hinein, sondern war imstande, zu sagen, warum er so und nicht anders dachte, denn er wußte genau, daß nur begründete Aussagen Wert haben.

Alles in allem genoß Thomas Morus eine vorzügliche Erziehung. Es ist eine Überschätzung der pädagogischen Möglichkeit, wenn man behauptet, es komme nur auf die Erziehung an und mit ihr könne man alles erreichen. Aber ebenso falsch ist es, die Erziehung zu unterschätzen. Man merkt es gewöhnlich einem Menschen bald an, ob ihm eine gute Erziehung zuteil geworden war, eine Erziehung, die auf Charakterschulung und nicht auf eine bloße Wissensvermehrung aus war. Thomas Morus hatte nichts Parvenühaftes an sich; er beherrschte die Formen des Lebens und entwickelte einen eigenen Lebensstil. Dies empfindet man um so angenehmer, als es immer mehr Emporkömmlinge gibt, die nur mit dem Geld protzen und denen jede feinere Herzensbildung fehlt.

Einige Zeit später trug sich Thomas Morus ernsthaft mit dem Gedanken, in den Franziskanerorden einzutreten, dessen brüderliche Lebensgemeinschaft ihm als leuchtendes Ideal vor Augen schwebte. Was ihn schließlich daran gehindert hatte, war der Umstand, daß damals die Geistlichen und Ordensleute in England ihre frühere Straffheit aufgegeben hatten. Eine lässige Ordensgemeinschaft stößt eher ab. Zudem erwachten mit zwanzig Jahren stürmisch seine Sinne. Thomas Morus war von Natur aus ein sinnenfreudiger Mensch. Zwar wurde ihm keine „Erziehung des Herzens" (Flaubert) zuteil, aber er fürchtete, das Keuschheitsgelübde nicht halten zu können. Nach Erasmus „war er der Liebe junger Mädchen nicht abgeneigt, doch ganz in Ehren, er genoß es mehr, wenn sie ihm entgegenkamen, als daß er auf sie Jagd gemacht hätte". Thomas Morus dachte an die Freuden, die unseren Sinnen zuteil werden, und entschloß sich deshalb, nicht ins Kloster einzutreten. Er blieb Laie und schlug die weltliche Laufbahn ein. Dies ist keineswegs zu bedauern, weil ein religiöser Mensch nicht unbedingt ins Kloster zu gehen braucht, da auch die Welt christlich gesinnter Menschen bedarf. Besser ein ernster Laie denn ein liederlicher Mönch.

Thomas Morus war zunächst Rechtsanwalt, klagte aber: „Fast den ganzen Tag muß ich in der Stadt für meine Klienten arbeiten; mir selbst und meinen Liebhabereien, d. h. meinem Studium, bleibt keine Zeit mehr." Der junge Anwalt war gewissenhaft, ließ die „Fälle" nicht über Gebühr liegen, und das Recht war ihm eine große Sache. Er war alles andere als „ein gemietetes Gewissen", wie der Volksmund verächtlich die Advokaten nennt. Thomas Morus schrieb seinem Schwiegersohn: „Wie dem auch sei, mein Sohn, dieses eine will ich Dir auf Ehre beteuern: Wenn die Parteien Gerechtigkeit von mir verlangen, und es stünde auf der einen Seite mein Vater und auf der anderen der Teufel, und seine Sache wäre gut, dann sollte der Teufel recht bekommen." Thomas Morus' Gerechtigkeitssinn und Weisheit waren bald zum sprichwörtlichen Begriff geworden, und er selbst gelangte darob zu einem legendären Ruhm.

Humanismus als Lebensform

Die stärkste innere Förderung in Oxford erfuhr Thomas Morus durch die Einführung in den Humanismus. Es blieb nicht beim flüchtigen Studenteneindruck, begriff er doch sofort den Gegensatz zwischen der alten Schule und der neuen Fragestellung. Es fehlte dem mittelalterlichen Denken die Bereitschaft, die Antike in irgendeiner Hinsicht als Bildungsmacht anzuerkennen. Als junger Mensch stellte sich Thomas Morus mit der ganzen Begeisterungsfähigkeit seiner Seele auf die Seite der humanistischen Studien, denen die vorwärtsschauenden Studenten zugetan waren.

Nach seiner Rückkehr von Oxford unterstützte ihn dabei John Colet, Dekan der St.-Pauls-Kathedrale in London, den er zu seinem Beichtvater wählte. Colet zählte zu den wenigen Predigern, denen Thomas Morus mit innerer Anteilnahme zuhörte. Er empfing von diesem gelehrten Menschen entscheidende Impulse. Colet kannte Italien aus eigener Anschauung und wußte über die klassischen Schriften vorzüglich Bescheid. Er war mit dem Neuplatonismus vertraut, und wer seinen Vorlesungen folgte, glaubte „Plato selbst sprechen zu hören". Er gründete eine Schule und nannte sie nach dem von ihm besonders verehrten Apostel Paulus. Der mutige Mann scheute sich nicht, in Gegenwart des Königs in einer Predigt zu sagen: „Brüderliche Liebe, ohne die niemand Gott schauen wird, ist kaum damit zu vereinen, daß man einem Mitmenschen das Schwert in den Leib stößt. Ein christlicher Fürst täte besser daran, Christus nachzufolgen als jenem Julius und Alexander."

Ebenso war John Fisher, Bischof von Rochester, mit seiner idealistischen Seele dem Humanismus zugetan. Er wurde Kanzler der Universität Cambridge, um deren Ausbau und Hebung des Wissenschaftsbetriebes er sich große Verdienste erwarb. Der vielbeschäftigte Mann erlernte noch im vorgerückten Alter die griechische Sprache. König Heinrich VIII. ehrte zunächst Fisher, wie ein Sohn seinen Vater ehrt. Er schätzte ihn wegen seiner großen Tugend und rühmte sich, kein Fürst in Europa hätte einen Bischof von derart eifriger Wissenschaftsliebe aufzuweisen. Auch Thomas Morus war Fisher sehr zugetan; damals ahnte er noch nicht, daß der Beichtvater der Königin später sein Schicksalsgenosse im Tode werden würde.

Thomas Morus' humanistische Interessen fanden eine Bestätigung in Erasmus von Rotterdam. Der große Humanist kam nach England und wohnte bei John Colet, wo er Thomas Morus kennenlernte, mit dem er sich befreundete. Für Thomas Morus waren Freundschaftsbeziehungen ein Lebensbedürfnis; er besaß geradezu ein Talent hierfür. Bei seinem nächsten Englandaufenthalt wohnte Erasmus bei Thomas Morus, der ihn zur Niederschrift von „Lob der Torheit" anregte. Sie übersetzten zusammen eine Reihe von Dialogen des Lukian, und Erasmus von Rotterdam meinte: „Wenn Thomas Morus mir befehlen sollte, mit dem Seil zu tanzen, würde ich mich bereitwillig fügen." Erasmus' sanfte Theologie wurde sowohl von Martin Luther als von Ignatius von Loyola schroff abgelehnt. Beide bekämpften ihn als bloßen Zuschauer in den geistigen Auseinandersetzungen. Gewiß hatte Erasmus keinen leicht durchschaubaren Charakter, etwas Zwielichtiges war an ihm, und er wich gerne einer klaren Stellungnahme aus. Aber er vertrat ein bewußtes Reformprogramm: Universalismus, Barmherzigkeit Gottes, Innerlichkeit der Religion, Einsichten, mit denen er allerdings scheiterte. Erasmus stand immer für sich allein; er war ein großer Anreger und Erzieher zur Menschlichkeit. Der Holländer kann nicht jener verabscheuungswürdige Mann gewesen sein, als der er oft hingestellt wird, sonst hätte Thomas Morus nie eine derart tiefe Freundschaft mit ihm geschlossen. Allein schon die Tatsache der Freundschaft zwischen den beiden Männern nötigt uns, über Erasmus nachzudenken, dem die Theologen selten Gerechtigkeit widerfahren lassen. Dabei verdanken sie ihm die griechische Neuausgabe des Neuen Testamentes, die von unübersehbarer Wirkung auf jene Zeit war. Wenn auch Erasmus „vielleicht um der Lehre Christi willen nie ein Tränlein gelassen hat" (Luther), war es ihm dennoch ehrlich um eine Erneuerung der Kirche zu tun, freilich sollte dies ohne Tumult geschehen. Natürlich darf man Thomas Morus und Erasmus nicht identifizieren, besteht doch bei aller gegenseitigen Zuneigung ein großer Unterschied zwischen ihnen. Thomas Morus brachte einen unerschrockenen Bekennermut auf, zu dem Erasmus nie fähig gewesen wäre.

Der in Italien entstandene, ganz Europa überflutende Humanismus war gekennzeichnet durch eine Aufgeschlossenheit gegenüber den neuen Fragen. Die Zeit der großen Scholastik war längst vorüber, und übrig blieb ein starres System mit unfruchtbaren Spitzfindigkeiten. Die Spätscholastik vermochte die jungen, lebendigen Gemüter nicht mehr zu befriedigen; offenbar hatte sie ihre Aufgabe erfüllt. Die Studierenden besannen sich auf Plato und den Neuplatonismus, die von mächtiger Anziehungskraft für sie waren. Der Humanismus bewirkte bei seinen Anhängern eine starke Horizonterweiterung, indem sie nun über die nationalen Grenzpfähle hinausblickten und sich für die Vorgänge in anderen Ländern interessierten.

Der Humanismus in englischer Färbung ist nicht durch einen radikalen Bruch mit der Scholastik gekennzeichnet. Morus hatte Thomas von Aquino genau gelesen und hat den Inhalt der großen Summen nie vergessen. Trotzdem schritt er weiter zu den Kirchenvätern, die den Anfangszeiten des Christentums näher waren und eine ursprünglichere Theologie vertraten. Von den Vätern griffen die englischen Humanisten zurück zur Heiligen Schrift, ist sie doch die Urkunde des Christentums, der Urgrund, den zu erforschen unerläßlich ist. Thomas Morus war ein eifriger Bibelleser; er kannte die Schrift erstaunlich genau, und dank seinem phänomenalen Gedächtnis wußte er das Neue Testament frei und fehlerlos zu zitieren. Ihm bedeutete die Bibel eine wahre Seelennahrung. Er war auch von der Antike angetan, stand ihr verständnisvoll gegenüber und verabscheute sie keineswegs als Heidentum. Er bejahte durchaus die Hellenisierung des Christentums, die er als eine geschichtliche Notwendigkeit begriff.

Thomas Morus' Humanismus stand in keinem Gegensatz zu seiner Frömmigkeit. Er blieb auch als Humanist ein eifriger Christ, der täglich der Messe beiwohnte und dem es ein inneres Bedürfnis war, seine Nächstenliebe zu betätigen. Nach wie vor ging er abends aus, um Arme zu besuchen und ihnen seine Hilfe zukommen zu lassen. Er tat dies möglichst verborgen, denn er wollte bei seinem Tun nicht gesehen werden. Stets blieb er seinem schlichten Christenglauben treu und ließ sich daran nicht irremachen.

Sein Humanismus war kein Surrogat für das Christentum, wozu er leider in der Geschichte oft geworden ist. Thomas Morus verstand es, die beiden Größen miteinander zu verbinden, indem er bewußt einen religiösen Humanismus vertrat. Nicht daß er ihn erfunden hätte! Er ist viel älteren Ursprungs. Es gibt einen biblischen Humanismus, zumal die Heilige Schrift unmißverständlich die Gottebenbildlichkeit des Menschen betont.

Schon der frühe Kirchenvater Justinus vertrat mit seiner Auffassung vom Logos spermatikos einen christlichen Humanismus, und ebenso waren ihm Clemens Alexandrinus und Origenes zugetan. Hieronymus und Augustin verkörperten den christlichen Gelehrten-Typ, der ein Ausdruck des religiösen Humanismus ist. Bei Thomas Morus und seinem Freundeskreis fand diese Haltung eine Wiederbelebung. Später haben sich auch Franz von Sales und Henry Newman in diese Reihe eingeordnet. Der christliche Humanismus ist eine der schönsten Blüten am Baume des Abendlandes. Noch heute erfreuen wir uns seiner und halten ihn bewußt fest. Gegen den christlichen Humanismus gibt es nur den einen Einwand: er bestand bloß in einem kleinen Kreis elitärer Anhänger, einer Offiziersgemeinschaft ohne Fußvolk. Das einfache Volk vermochte nicht zu folgen, weil er sein Verständnis überstieg.

Der christliche Humanismus ist unablösbar vom Anliegen einer religiösen Kultur. Die Form, die er in der Person Thomas Morus' annahm, umschreibt seine Spiritualität. In der Jugend von der Frömmigkeit der Kartäuser geprägt, erfuhr sie im reifenden Mannesalter eine bewußte Basiserweiterung. Thomas Morus bewertete neben der Bibel auch die Natur als eine Schrift Gottes, und nie war er ein Verächter der Vernunft. Ihn erfüllte eine Liebe zur Kontemplation und zu Bußübungen, ein Zeichen, daß sein Christentum keine bloß intellektuelle Angelegenheit war, sondern stets mit seiner Lebensführung verbunden blieb. Unter seinem Gewand trug er ein härenes Hemd, das ihm seine Tochter Margarete von Zeit zu Zeit wusch. Er schlief auf Brettern, legte sich statt eines Kissens einen Holzklotz unter den Kopf und reduzierte den Schlaf auf vier bis fünf Stunden. Hatte er Kummer, pflegte er zu sich und zu andern zu sagen: „Wir dürfen nicht auf unser Vergnügen sehen, um in Federbetten zum Himmel zu gehen: das ist nicht der Weg; denn unser Herr selbst ging dorthin in großer Qual und vielen Bedrängnissen." Pilgerfahrten gehörten zu seinen Leidenschaften. Er pflegte zu Fuß zu den Altären um London zu pilgern, was in England sogar die Ärmsten verabscheuten. Thomas Morus' Spiritualität schloß eine bewußte Ablehnung der Reformation in sich. Wenn er auch dem Ringen des jungen Luthers im Kloster nicht gerecht geworden ist, lehnte er doch nicht eine Sache ab, die er gar nicht recht gekannt hat. Erasmus hatte ihm die fünfundneunzig Thesen Luthers sofort geschickt, und Thomas Morus hat in der Folge die Schriften des Reformators gelesen. Er schrieb im Auftrag seines Königs sogar eine „Antwort an Luther", die leider plump ausfiel und wenig von Morus' Geistigkeit verriet. Was ihn gegen Luther aufgebracht hatte, war seine Zerstörung der Einheit der Christenheit. Thomas Morus liebte die Neuerer nicht; ganz offen gab er seiner Freude über den Tod Zwinglis und Ökolampads Ausdruck. Seine heftige Ablehnung der Häresie war in seiner Angst vor Auf-

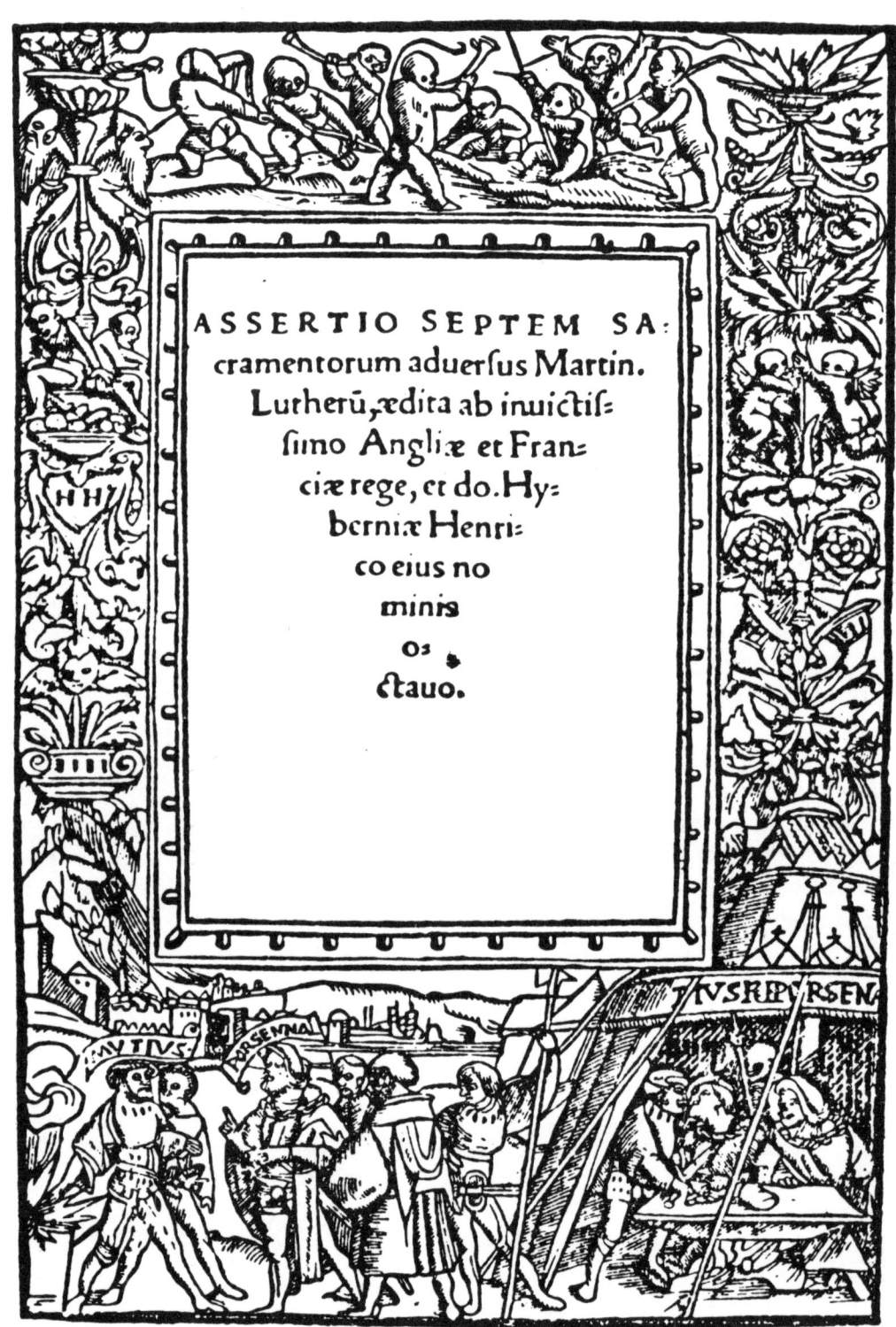

ASSERTIO SEPTEM SA:
cramentorum aduerſus Martin.
Lutherū, ædita ab inuictiſ=
ſimo Angliæ et Fran=
ciæ rege, et do.Hy=
berniæ Henri=
co eius no
minis
o=
ctauo.

Titelblatt der von König Heinrich VIII. von England gegen Martin Luther verfaßten Streitschrift „Assertio Septem Sacramentorum", die 1521 in London erschien stand und Bürgerkrieg begründet. Trotzdem befleckte er sein Gewand durch keine Ketzerverbrennung. Sein Grundsatz in der Behandlung war: „Ich möchte, daß man wenig Strenge und viel Milde zeige, wo nur Einfalt vorlag und nicht Hochmut oder Bosheit" und fügte später hinzu: „Von all denjenigen, die um der Irrlehre willen in meine Gewalt gekommen sind, hat, von der Haft abgesehen, so wahr mir Gott helfe, auch nicht ein einziger derselben über einen empfangenen Streich oder Schlag, und wäre es auch nur ein Nasenstüber gewesen, zu klagen gehabt." Thomas Morus hatte den schwachen Punkt der Reformation wahrgenommen. Die Auffassung, „daß all unsere Sühne ohne Christi Leiden keinen Deut wert wäre", bewertete er als Lehre der Kirche und nicht als eine Neuentdeckung. Sein Einwand gegen die Reformation lag darin, „einen so leichten Weg zum Himmel gefunden zu haben, sich keine Gedanken zu machen, sondern vergnügt zu schmausen, keine Buße zu tun, sondern sich hinzusetzen und um unseres Erlösers willen zu pokulieren, ausgelassen alle Becher auf einmal zu füllen und dann Christi Leiden die Zeche für jeden bezahlen zu lassen". Dies war ein Mißverständnis der ursprünglichen Reformation, aber bedauerlicherweise hat sich dieses Fehlurteil in der breiten Masse weitgehend durchgesetzt, da offenbar die reformatorische Botschaft nicht genügend abgesichert worden ist. Thomas Morus hat ein ernsthaftes Bedenken vorgebracht, einen Vorwurf, den die evangelische Christenheit nicht leichtfertig in den Wind schlagen darf.

Auch Thomas Morus' Humor gehört zu seiner Spiritualität. In einem Aufsatz von Josef Bernhart über Holbein findet sich die Bemerkung über Thomas Morus: „Von den Dokumenten der bewegten Zeit, vom Urteil der Freunde, von den eigenen Schriften reichlich beleuchtet, bleibt das Innerste des Mannes doch ein Rätsel." Das unhaltbare Urteil ist nicht ganz unbegreiflich, denn Thomas Morus war ein nicht auf den ersten Blick durchschaubarer Mensch. Schuld daran war sein wundersamer Humor, der in einen unbestreitbaren Ernst eingewickelt war. In tiefstem Ernste machte er seine Späße, und bei einem fröhlichen Anlaß wurde er plötzlich ganz ernst. Er war nicht bereit, auf den Scherz zu verzichten. Sein sprudelnder Humor kam vom Herzen, war ein entspannendes Spiel des Geistes und lag fern aller beißenden Satire und jedes verletzenden Witzes. Er amüsierte sich mehr über die Torheiten der Menschen, als daß sie ihn ärgerten. Dabei war es nicht nur der typisch englische Humor, dem eine gewiße Trockenheit eigen ist, sondern Ernst und Humor waren eigenartig ineinander verflochten. Diese Verwobenheit machte viele Menschen irre und ließ sie von einem Rätsel reden. Selbst seine Gattin wußte zuweilen nicht, was Ernst und was Scherz bei ihm war, weil er bei beiden ein feierliches Gesicht aufsetzte. Näher besehen, ist sein Humor gerade aus seinem Ernst hervorgegangen. Selbst während er im Gefängnis saß, gestand er: „Ich bin selbst von Natur ein halber Spaßmacher und sogar mehr als ein halber." Nur überzeugte Christen vermögen bei allem Leid des Lebens eine solche Fröhlichkeit an den Tag zu legen. Diese Heiterkeit des Geistes ist auch bei Thomas Morus ein köstliches Labsal und eine erquickende Befreiung von aller Erdgebundenheit. Es steckt eine gewisse Wahrheit in der Behauptung: „Der Humanismus hat dem europäischen Menschen das befreiende Lachen geschenkt." Jedenfalls war der Humor bei Thomas Morus ein Zeichen dafür, daß er jeder

Situation gewachsen war. Es würde lächerlich wirken, Thomas Morus' Heiterkeit stilistisch nachzuahmen. Auch sein angebliches Gebet um Humor stammt nicht von ihm; es ist viel später entstanden.

Sein religiöser Humanismus bedeutete ihm nicht bloße Gelehrsamkeit, sondern war die ihm entsprechende Lebensform. Die Lebensweise mußte geordnet sein, und das Menschliche durfte nicht im Widerspruch zum Christlichen stehen. Thomas Morus' Spiritualität umfaßte zugleich ein Kulturprogramm, das Wissenschaft, Kunst und Musik einschloß. Er wurde schon die Dritte Kraft genannt, der „offene Mensch, der sich bis in seine Tiefe hinein durchströmen läßt von allen guten Kräften der Natur und der Gnade". Seine Losung lag in der christlichen Humanitas, die die Würde des Menschen betont, ein Ethos, das bis zum heutigen Tag immer wieder von der Barbarei bedroht wird. Verschwände einmal der christliche Humanismus von der Bildfläche, dann wäre es um das Abendland geschehen.

Das schöne Haus in Chelsea

Es ist bekannt, daß Thomas Morus ein schönes Haus in dem damals noch dörflichen Chelsea bewohnte. Für den Bau hatte er sich ein herrschaftliches Stadthaus von Mecheln als Vorbild genommen. Das Haus lag am Ufer der Themse und war mit alten Möbeln eingerichtet. Der Humanist besaß einen Sinn für eine gepflegte Wohnkultur und wußte, daß alle Dinge am richtigen Ort stehen müssen. Bei ihm war alles auf das Sein ausgerichtet, und nichts stand da zum Schein. Eine Atmosphäre der Ruhe strömte dem Besucher entgegen.

In seinem Hause befand sich nicht nur eine große Bibliothek, es war auch mit schönen Gemälden von Holbein geschmückt, die die Bewunderung der Besucher erregten. Thomas Morus hielt sich auch verschiedene Tiere, seltsame Vögel, Wiesel, Biber, Füchse und sogar ein Äffchen. Er liebte es, deren Gewohnheiten zu beobachten, und hatte seine Freude daran. Der aufgeschlossene Mann brachte allen Erscheinungen des Lebens ein wachsames Interesse entgegen.

Das Haus stand in einem prächtigen Park, dessen Bäume Kühle und Schatten spendeten. Thomas Morus liebte es, mit seinen Gästen darin zu wandeln. Ebenso gerne betrachtete er den Sternenhimmel; er kannte die Laufbahn etlicher Gestirne, blickte andächtig zu ihnen empor und empfand darob die Größe der Schöpfung und die Kleinheit des Menschen.

Das schöne Haus in Chelsea beherbergte auch verschiedene dienstbare Geister. Bezeichnenderweise hielt sich Thomas Morus einen eigenen Hausnarren und acht Ruderer für seine Barke auf der Themse. Viele Menschen gingen in diesem vornehmen Hause ein und aus und fühlten sich wohl darin, weil es nichts Protziges, wohl aber etwas Imponierendes an sich hatte.

Doch die Seele des Hauses war seine Gattin. Als Thomas Morus in der Mitte der Zwanzigerjahre war, entschloß er sich zu heiraten. Er lernte den Master Colt in Essex kennen, war mehrfach bei ihm eingeladen und sprach bei dieser Gelegenheit auch mit seinen drei Töchtern. Die zweite Tochter hatte es ihm angetan, weil sie schön und anmutig zugleich war. Doch brachte er es nicht über sich, um ihre Hand zu bitten, weil er dachte, „daß es für die älteste Tochter ein großer Kummer und auch eine gewisse Schande wäre, wenn sie sähe, daß man ihre jüngere Schwester zur Ehe vorziehe". Eine solche Rücksicht entsprach ganz dem Wesen von Thomas Morus.

Er heiratete Jane Colt und nannte sie „die liebe kleine Frau Jane", ein Kosename, der mehr aussagt als jede breit ausgewalzte Intimszene der neuesten Romanliteratur. Jane war erst siebzehn Jahre alt, als Thomas Morus sich mit ihr verband. Es ist unmöglich, sich von der zarten Frau eine nähere Vorstellung zu machen, da sich von ihr weder ein Porträt noch Briefe erhalten haben. Auf Wunsch ihres Gatten lernte Jane die Laute spielen. Thomas Morus war ein musischer Mensch, dem ein Leben ohne Musik leer zu sein schien. Die Musik ist eine der großen Ausdrucksmöglichkeiten der Seele, vermag sie doch Gefühle und Stimmungen zu erfassen, die dem Wort verwehrt sind. Die musizierende Jane ist in unseren Augen deswegen besonders liebenswert. Sie gebar ihrem Gatten drei Töchter und starb nach nur fünfjähriger Ehe an der Geburt ihres Sohnes. Dieser Schicksalsschlag war hart für Thomas Morus. Er ließ auf ihren Grabstein die Worte setzen: „Mores Frauchen", ein Name voller Liebe und Zärtlichkeit.

Thomas Morus war in seinem Wesen kein weltfremder Gelehrter, der von seiner lärmenden Kinderschar nicht gestört sein wollte. Er hegte ausgesprochen väterliche Gefühle und überwachte die Entwicklung seiner Kinder sorgfältig. Es war ihm wichtig zu wissen, wie seine heranwachsenden Kinder ihre Zeit zubrachten und was sie lasen. Mit aller Deutlichkeit geht dies aus einem Brief hervor. Er war nicht nur um die Ausbildung seines Sohnes besorgt, da nach ihm auch die Mädchen eine standesgemäße Bildung erhalten mußten. „Mit gleichem Recht können also Mann und Frau studieren", schrieb er und eilte mit dieser Auffassung seiner Zeit weit voraus, erkämpften sich die Mädchen doch erst im neunzehnten Jahrhundert das Universitätsstudium. Thomas Morus wollte durchaus, daß seine Kinder „das Wesentliche vom Unwesentlichen unterscheiden lernen".

Thomas Morus war besonders der ältesten Tochter Margaret zugetan, der er den Kosenamen Meg gab. Sie war ihm äußerlich und auch im Charakter ähnlich. Dank ihren großen philologischen Fähigkeiten übersetzte sie ohne weiteres Erasmus' Vaterunser-Auslegung aus dem Lateinischen ins Englische. Das Vater-Tochter-Verhältnis darf nicht idealisiert werden, da Margarets Heirat mit William Roper dem Vater Kummer bereitete. Roper neigte der lutherischen Lehre zu und ließ sich zunächst durch keine Einwände davon abbringen. Thomas Morus beschloß schließlich, mit ihm über diese Glaubensfragen nicht mehr zu diskutieren. Trotz der tiefen Meinungsverschiedenheit duldete er den Neugläubigen unter seinem Dach. Roper lenkte später ein, und es ergab sich schließlich ein gutes Verhältnis zwischen Thomas Morus und seinem Schwiegersohn, der hernach über ihn die erste Biographie schrieb. Kein Generationenkonflikt schaffte gespannte Verhältnisse zwischen Vater und Kindern, man hegte natürliche Gefühle füreinander. Es muß nicht alles so verdreht sein, wie

Iohn More Sᵗ Thomas Mores Son.

*John More,
der Sohn
Thomas
Mores.
Zeichnung
mit farbigen
Kreiden von
Hans
Holbein d. J.
– Windsor
Castle, Royal
Library*

es heutzutage ist, aber wir geben die Hoffnung nicht auf, daß es mit der Zeit zwischen Eltern und Kindern wieder zu einer normalen, von Liebe und Ehrfurcht getragenen Verbindung kommen wird.

Nach dem frühen Tod seiner jugendlichen Gattin blieb Thomas Morus mit seinen vier kleinen Kindern in einer schwierigen Lage zurück. Er entschloß sich zu einer zweiten Ehe und eilte am späten Abend noch zu einem Priester, um sich die Ehe-Erlaubnis ohne vorangehendes Aufgebot zu holen. Hierauf heiratete er, vier Wochen nach Janes Tode, Alice Middleton, eine sechs Jahre ältere, nicht sehr hübsche Witwe.

Diese schnelle Heirat nach dem Tod der ersten Frau wurde in etlichen Morus-Darstellungen verschwiegen. Jene Biographen, die dies nicht über das Gewissen brachten, entschuldigten ihn mit seinen vier kleinen Kindern, die doch einer weiblichen Betreuung bedurften. Dies scheint mir eine etwas fadenscheinige Apologie zu sein. Wenn es ihm nur um die Kinder gegangen wäre, hätte er gewiß ein Kindermädchen gefunden, das sich der armen Kleinen angenommen hätte. Vielmehr muß man bedenken, daß es zu jener Zeit nichts Außerordentliches war, sich nach dem Tode seiner Gattin rasch wieder zu verehelichen. Nicht seine Eheschließung, aber sein eiliges, allzu eiliges Vorgehen darf man als eine humorvolle Tat festhalten. Man braucht nicht jeden Schritt mit todernstem Gesicht zu verfolgen, und gerade bei dem Humoristen Thomas Morus ist diesbezüglich ein Lächeln durchaus am Platz.

Frau Alice wird gerne als eine derbe Frau bezeichnet, der es an Feinheit der Gefühle gemangelt habe. Gewiß war sie Thomas Morus nicht in allem ebenbürtig; sie hat, beispielsweise, seine letzte Phase nicht begriffen. Aber man darf ihr daraus wohl kaum einen Vorwurf machen, denn durch seine Entscheidung geriet sie als alte Frau ins Elend. Thomas Morus lobte sie als eine seltene Stiefmutter, weil sie sich überaus liebevoll um die übernommenen Kinder sorgte und sie pflegte, wie kaum eine Mutter ihre eigenen Kinder pflegt. Zwar war sie kein sonderlich musischer Geist, aber sie gab sich alle Mühe, versuchte Instrumente zu spielen und war zudem eine gute Hausfrau. Sie nahm sich des Haushaltes mit seinen nicht geringen Anforderungen mustergültig an, versagte sich alles, als es darum ging, für den Unterhalt zu sorgen, während Thomas Morus im Gefängnis saß. Thomas Morus' zweite Ehe war glücklich; es geht nicht an, sie geringzuschätzen, wie man dies getan hat. Einmal entschlüpfte ihm sogar die humoristische Bemerkung, am liebsten hätte er mit Jane und Alice gleichzeitig zusammengelebt.

Es gibt ein Gruppenbildnis von der Familie des Thomas Morus. Hans Holbein hatte es entworfen, doch ist das Original verschollen. Der Maler Richard Locky hat es, fünfzig Jahre nach dem Tode von Thomas Morus, nach Holbeins Skizze ausgeführt. Heute ist dieses Bild in der National Portrait Gallery in London zu sehen. Man ist beeindruckt von den vielen Familienmitgliedern, die im Hause Morus getreulich beisammen wohnten. Offensichtlich wußte Thomas Morus die Werte der Familie noch gebührend zu schätzen, die ohnehin die Grundlage eines Volkes bilden.

Wie vorbildlich Thomas Morus sich gegenüber seiner Frau Alice verhalten hat, geht aus einem Brief hervor, den er ihr nach dem Unglück auf seinem Gut schrieb. Durch die Unvor-

Thomas More im Kreise seiner Familie. Zeichnung (um 1528) von Hans Holbein d. J. mit Beischriften zur Erklärung der einzelnen Personen. Dargestellt sind (v.l.n.r.): Elisabeth Daunce, Mores Tochter, 21 Jahre alt; Margaret Giggs, Mores Ziehtochter, 22 Jahre alt, verheiratet mit John Clement; John More, Th. Mores Vater, 76 Jahre alt; Anna Cresacre, Mores Schwiegertochter, 15 Jahre alt; Thomas More, 50 Jahre alt; John More, Th. Mores Sohn, 19 Jahre alt; Henry Patenson, Mores Sekretär; Cecily More, Th. Mores Tochter, 20 Jahre alt, verheiratet mit Giles Heron; Margaret More, Th. Mores Lieblingstochter, 22 Jahre alt, verheiratet mit William Roper; Alice More, Th. Mores zweite Frau, 57 Jahre alt. – Basel, Kunstmuseum sichtigkeit eines Nachbarn fielen alle seine mit Korn gefüllten Scheunen einem Brand zum Opfer, und auch die Gebäulichkeiten der Anwohner erlitten einigen Schaden. Thomas Morus befand sich damals am Hofe des Königs, und als er von diesem Unglück erfuhr, schrieb er seiner Gattin: „Es ist um das viele Getreide wirklich schade; aber Gottes Wille geschehe immer; da es ihm gefiel, uns einen solchen Schicksalsschlag zu senden, sind wir doch verpflichtet, nicht nur zufrieden, sondern sogar darüber glücklich zu sein. Er hat uns alles gegeben, was wir verloren haben; er hat es uns durch dieses Unglück auch wieder genommen – sein Wille sei immer erfüllt. Wir wollen darüber nicht klagen, sondern diese Heimsuchung ertragen und ihm herzlich danken, nicht minder für die Not wie für den Wohlstand. Vielleicht sind wir ihm für diesen Verlust eher zu Dank verpflichtet als für allen Gewinn; denn in seiner Weisheit kann er besser ermessen als wir, was wirklich zu unserem Wohl gereicht. Darum bitte ich Dich, sei guten Mutes. Geh mit allen Bewohnern unseres Hauses zur Kirche und danke Gott für alles, was er uns gelassen hat. Wenn es ihm gefällt, so wird er unsern Besitz auch wieder vermehren; ist es aber Sein Wille, uns noch weniger zu lassen, so wollen wir uns auch hierin beugen. Ich bitte Dich, suche zu erfahren, was unsere Nachbarn verloren haben. Sag ihnen, sie sollen ohne Sorgen sein; denn ich will keinen Löffel mein eigen nennen, solange irgendeiner von ihnen in Armut darbt. Ich bitte Dich auch, sei mit meinen Kindern und dem ganzen Haushalt fröhlich in Gott." Das war kein Liebesbrief im üblichen Sinn des Wortes, und doch haben wenige Frauen von ihren Gatten Briefe bekommen, die den Vergleich damit aushalten. Thomas Morus' großartiges Schreiben enthält keinen Vorwurf, man habe es wohl an Vorsicht fehlen lassen, sondern nur Tröstung. Und wie hat er seine Gattin getröstet? Wie ein Christ, der mitten in der Welt steht und um die Vergänglichkeit der Dinge weiß, wie einer, der sein Leben auf das Fundament des Ewigen gegründet hat und trotz der oft schwer verständlichen Schicksalsschläge nicht verzweifelt.

Was die Utopier tun

Die Humanisten liebten das Wissen, und zu allen Zeiten haben die Gelehrten Bücher geschrieben. Thomas Morus machte hierin keine Ausnahme.
Während eines Aufenthaltes in Flandern schrieb er seine „Utopia". Obwohl er sie in lateinischer Sprache verfaßte – ins Englische wurde sie erst nach seinem Tode übersetzt –, machte das Buch ihn mit einem Schlag weltberühmt. Trotz der großen Verbreitung wurde das Werk nicht von allen Lesern richtig verstanden, ja, man könnte wohl sagen, es sei das am meisten mißverstandene Buch. Dies ist nicht zufällig, denn es ist nicht leicht, Thomas Morus' Intention der „Utopia" zu erfassen. Jedenfalls sind zwei Fehldeutungen abzuweisen.
Falsch ist die Bewertung der „Utopia" als „heiteren Scherz einer heiteren Seele", der nicht ernst zu nehmen sei, und ebenso der Gedanke, sie sei für ihn eine bloße Spielerei gewesen, dem „Lob der Torheit" von Erasmus nicht unähnlich. So wenig man dem Werk des großen Sohnes der Niederlande gerecht wird, wenn man nur den darin enthaltenen Spott wahr-

Die Insel Utopia, Holzschnitt (Seite 12) aus der 1518 in Basel gedruckten Ausgabe von Th. Mores Utopia mit Illustrationen von Hans und Ambrosius Holbein

nimmt und nicht seine tiefere Interpretation der christlichen Narrheit beachtet, so wenig darf man Thomas Morus' „Utopia" auf die leichte Schulter nehmen. Gewiß war Thomas Morus ein zum heiteren Scherz aufgelegter Mann, aber es ist zu billig, alle seine Ausführungen als Spaß zu verstehen.

Die andere Mißdeutung stammt vom Sozialisten Karl Kautsky, der Thomas Morus „eine der genialsten Gestalten in der Geschichte der Menschheit" genannt hat. Er meinte, „mit der ‚Utopia' beginne der moderne Sozialismus", und mit seinen Gedanken habe er die Ideen des Kommunismus um volle drei Jahrhunderte vorweggenommen. Stets bereitet es dem Menschen ein Vergnügen, sich selbst in einem Werk zu finden, davon macht auch der sozialistische Leser keine Ausnahme. Der von Wissenschaftlichkeit triefende Marxist Kautsky, für den Thomas Morus' Werk eine sozialistische Werbeschrift war, übersah, daß die „Utopia" auch Gedanken enthält, mit denen Thomas Morus gar nicht einverstanden war, und daß ihr Verfasser auf einem bewußt christlichen Boden stand. Es ist nie ratsam, ein Buch für sich oder für die eigene Partei zu vereinnahmen.

Schauen wir die Schrift zuerst einmal unvoreingenommen an, bevor wir in eine Deutung eintreten. Die „Utopia" zerfällt in zwei Teile, wobei der zweite Teil ein Jahr vor dem ersten entworfen wurde.

Der erste Teil hält England einen Spiegel vor Augen, indem es die sozialen Schäden aufzeigt. Damals lag die Landwirtschaft arg darnieder, und das Land kämpfte gegen eine große Armut. In einer scharfen Gesellschaftskritik deckte Thomas Morus die mannigfachen Mißstände auf, unter denen die Menschen litten. Hierin steht Thomas Morus' „Utopia" getreu an der Seite von Erasmus' „Lob der Torheit": beide Bücher waren wirksame Pamphlete. Thomas Morus prangerte das damalige Leben an: „Endlose Kriege, treulose Bündnisse, militärische Abenteuer, Vergeudung von Geld und Zeit für Werkzeuge und Mittel des Angriffs, unter Mißachtung aller sozialen Fortschritte; Scharen von müßigen Dienstleuten, alten untauglichen Invaliden, die sich aufs Stehlen verlegen; zerstörte Landwirtschaft, entvölkerte Dörfer und Weiler, in denen nur noch die Schafe Nahrung finden; vertriebene Ackerbauern und eine Gerechtigkeit, die sich ihrer Hinrichtungen rühmt und sich darüber wundert, daß es mehr Diebe als Galgen gibt." Er machte auch auf die psychologischen Ursachen dieses Schadens aufmerksam, indem er auf die unbestreitbare Habsucht hinwies, auf die Gier nach Geldbesitz. In dieser Tatsache sah er den Grund aller Übel, der sich bei den oberen und niederen Ständen findet.

Im zweiten Teil gab Thomas Morus den Anstoß zum utopischen Denken, das in der Geschichtsphilosophie einen so breiten Raum einnimmt. Gegenwärtig wandeln viele Menschen auf den „Pfaden der Utopia". Man postuliert eine utopische Gesellschaftsordnung und erhebt Thomas Morus zum Ahnherrn. Vorsicht ist hier am Platze, denn er selbst war ein realistischer und kein utopischer Denker. Dies dürfte sofort klar werden, wenn man seine Gesamtpersönlichkeit betrachtet. Er selbst schrieb in der „Utopia": „Denn nichts wird gut sein, nichts vollkommen, bevor es nicht die Menschen selbst sind, und bis dahin hat es noch eine gute Weile." Darnach sind am Elend der Welt nicht die gesellschaftlichen Umstände schuld, sondern das Individuum selbst, eine Wahrheit, die die marxistischen Denker hartnäckig übersehen. Es geht auch nicht darum, was heutige Professoren der Futurologie über utopische Philosophie mehr oder weniger Gescheites sagen, sondern darum, was Thomas Morus unter diesem Wort gedacht hat. Für ihn war „Utopia" das „Land Nirgendwo", und „Flausenmacher" war der Name des Erzählers. Diese Bezeichnung allein schon sollte den Leser davor bewahren, die „Utopia" mit tierischem Ernst zu verstehen oder sogar jene Stellen zu überfliegen, wo Thomas Morus schreibt: „Die ‚Utopia' hat eine ganz besondere Vorliebe für Spaßvögel und Possenreißer aller Art." Der Humor blitzt immer wieder wie Sonnenstrahlen durch die Blätter seines Buches.

Der Verfasser schildert eine Gesellschaft, die die Türen ihrer Häuser nie zuriegelt. „Jeder darf frei ein und aus gehen, denn im Hause befindet sich keinerlei Privatbesitz." Auch die Kleiderfrage ist einheitlich geregelt, und die launische Mode ist ausgeschlossen, weil „im ganzen Lande die Kleider nach einer einheitlichen Form getragen werden. Zumal in gewissem Sinne die ganze Insel eine große Familie bildet". Bei diesen Ausführungen darf man nicht an die Zwangsordnung in den heutigen kommunistischen Staaten denken, vielmehr spielten hier Erinnerungen an das Mönchtum eine Rolle. Nach eigenem Zeugnis dachte Thomas Morus bei der einheitlichen Kleidung an das franziskanische Gewand. Wie eintönig, gleich einem Gemälde ohne Farbe, würde das Leben bei dieser uniformierten Kleidung aussehen! Erst die verschiedenartige Gewandung, die Einfälle in der Mode, bringen Spaß in das Leben.

Die Utopier bejahten ausdrücklich den Genuß. Bei aller schlichten Lebensführung waren sie nicht asketisch eingestellt: „Denn auf der Insel gilt jeder harmlose Genuß für erlaubt, der keine schädlichen Wirkungen zeitigt." Sie setzten die Lust dem Glück gleich und beriefen sich für diese Ansicht auf ihren religiösen Glauben. Damit distanzierte sich Thomas Morus von Augustinus, der aus nicht ganz überwundenen manichäischen Gründen den Genuß ablehnte. Seit dem Bischof von Hippo ist der Hedonismus im philosophischen Denken verpönt, während im praktischen Leben beinahe alle Menschen dem Lustprinzip frönen. Für Thomas Morus war die Bejahung des Genusses ein Zeichen der Natürlichkeit; Denken und Leben bildeten bei ihm eine Einheit.

Erwähnenswert ist die Auffassung der Utopier über die Ehe. Zur Eheschließung zugelassen wurde man erst, wenn das Mädchen achtzehn und der Mann zweiundzwanzig Jahre alt waren. Eine intime Beziehung vor der Ehe war schon gar nicht erlaubt, wohl aber durfte die Braut unmittelbar vor der Ehe den Bräutigam nackt sehen und umgekehrt, damit sie sich auch über das gegenseitige körperliche Gefallen klar werden konnten. Wer spürte nicht den Scherz bei diesen Worten hervorgucken und empfände nicht, daß Thomas Morus solche Vorschläge nicht ernst gemeint hat. Nach den Utopiern ist bei ehelicher Untreue „die Scheidung zulässig und eine zweite Eheschließung statthaft". Dies ist nicht die Überzeugung von Thomas Morus, weil er selbst über die Ehescheidung ganz anders dachte, wie dies deutlich aus seinem späteren Verhalten gegenüber Heinrich VIII. hervorgeht. Es ist durchaus falsch, die „Utopia" als sein eigenes Credo zu bewerten und die Ironie zu übersehen, die ihm die Feder führte.

Viel stärker entsprach Thomas Morus die Einstellung der Utopier zum Krieg. Sie bewerteten ihn an sich als eine tierische Grausamkeit und verdammten ihn in aller Form, eine Auffassung, die alle Humanisten teilten. Sie fühlten sich als Abendländer, standen den nationalistischen Vorurteilen fern und wußten, daß der Krieg die humanistische Lebensform zerstört. Ebenso leidenschaftlich traten die Utopier für die Toleranz ein. „Eines der ältesten utopischen Gesetze lautet ja, daß niemand um seines Glaubens willen angefeindet werden darf." Die Utopier verketzerten niemanden, selbst wenn einer diesbezüglich andere Gedanken hegte. Sie ahnten schon damals etwas von einer pluralistischen Gesellschaft. Das Buch liest sich wie ein Manifest der Toleranz, und darum setzte Michael Freund in seiner Schrift „Die Idee der Toleranz in England" mit Recht Thomas Morus an die Spitze der englischen Toleranzdenker. Das Inselreich hat die Toleranz nicht von heute auf morgen, sondern durch eine harte Erfahrung gelernt. Anständigkeit zu bewahren gegenüber einem Andersdenkenden gilt dort als eine Selbstverständlichkeit. Das verdankt man dem Erbe von Thomas Morus. „In Utopien lebt man der Überzeugung, daß es in keines Menschen Macht gegeben ist, seine Denkungsart vorschriftsgemäß zu modeln", was einer schallenden Ohrfeige für die kommunistischen Staaten mit ihrer Gehirnwäsche gleichkommt.

Thomas Morus' „Utopia" ist ein Maskenbuch: der Verfasser versteckt sich darin, und sein Flausenmacher gibt Ernst und Scherz zum besten. Mit seiner Schrift hält er seinen Zeitgenossen einen Spiegel vor Augen und sagt ihnen: „Sehet die Utopier, obwohl sie Heiden waren und das Christentum nicht kannten, bemühten sie sich doch, ein Leben nach der Vernunft zu führen, und ihr englischen Christen, die ihr doch das Evangelium kennt, vollbringt so viele schändliche Dinge!" Wenn man so will, enthält Thomas Morus' „Utopia" eine verhüllte Predigt und einen unmißverständlichen Protest gegen Machiavellis Denken, das die schlaue Rücksichtslosigkeit zum obersten Prinzip erhob. Nur allzu gerne haben sich die absolutistischen Herrscher solche Gedanken zu eigen gemacht.

Die „Utopia" scheint dem unvoreingenommenen Leser von heute eine Konstruktion zu sein, eine Sackgasse, in die jedes utopische Denken hineingerät. Es ist gehirnlichen Ursprunges und entspricht nicht dem organischen Wachstum des Lebens. Die „Utopia" ist nach dem gegenwärtigen Sprachgebrauch weder ein Gesellschaftsmodell mit all seinen Konsequenzen, noch gehört sie dem Bereich der Visionen an. Sie ist eher ein schöner Traum. Nun sind Träume nicht bloße Schäume, sondern enthalten einen Wahrheitskern. Der träumende Thomas Morus wandte die Methode der antiken Rednerschulen an, nach denen es galt, aufgestellte Thesen sowohl zu verteidigen als auch zu widerlegen. Die „Utopia" ist auch kein Lehrbuch der praktischen Politik, denn wäre sie es, würde man hoffnungslos im konstruierenden Denkschema hängenbleiben. Thomas Morus wollte vielmehr seinen großen Traum zur Diskussion stellen und seine Zeitgenossen fragen: „Was denkt ihr darüber? Könnte man die gesellschaftlichen Fragen auch einmal von dieser Seite anfassen? Sind das brauchbare Gedanken oder unmögliche Luftschlösser?" Die „Utopia" ist als ein Diskussionsbeitrag zu bewerten; denkt man an die vielen Leser dieser Schrift, hat Thomas Morus damit auch Erfolg gehabt.

Die goldene Kette um den Hals

Jene bewegte Zeit brachte es mit sich, daß auch Thomas Morus sich mit politischen Fragen auseinandersetzen mußte. Er floh das Gebiet nicht wie die Täufer seiner Zeit, weil er das Feld nicht zum voraus dem Feind überlassen wollte. Aber er suchte dieses Amt nicht aus Ehrgeiz oder gar aus einem Willen zur Macht. Der Mensch ist in das politische Leben hineingestellt und darf sich der Verantwortung nicht entziehen.

Im damaligen England war die Luft sozusagen geschwängert von der Politik. Thomas Morus betrat schon in jungen Jahren die politische Arena; man hatte ihn früh ins Parlament gewählt, wo es zur ersten aufregenden Szene kam. Der König Heinrich VII. versuchte, die Mitgift für seine kleine Tochter vom Parlament zu erpressen. Mutig erhob sich der noch „bartlose Jüngling" und legte Protest gegen die persönliche Habgier des Königs ein. Thomas Morus brachte das Parlament dazu, die Steuerauflage zu verweigern. Der jugendliche Husarenstreich verschaffte ihm viele Gegner, sogar sein Vater bekam sein Auftreten unangenehm zu spüren. Thomas Morus begab sich hierauf für einige Zeit in die Niederlande. Er hatte mit seinem Einspruch einen Beweis für seinen Sinn für Recht und Gerechtigkeit abgelegt, jedenfalls wurde man auf den jungen Rechtsanwalt aufmerksam, von dem man im Laufe der Jahre noch mehr erwartete.

Thomas Morus war in der Öffentlichkeit schon zum angesehenen Politiker aufgestiegen und hatte sich auch an verschiedenen Posten bewährt. Als Unterschatzmeister wurde er zum Ritter geschlagen und an den Hof gebeten, ein Amt, das nicht nach seinem Sinne war: „Ich bewerbe mich doch keineswegs um höhere Ämter am Hof, vor solcher Gunst schrecke ich sogar zurück" schrieb er. Er mied den Hof im gleichen Maße, wie andere ihn suchten. Er mußte zu dieser Tätigkeit am Hof überredet werden, es war eine Art Befehl, dem er nachzukommen hatte. Erasmus kommentierte diese Ernennung mit den resignierten Worten: „Wir werden keine Neuigkeiten mehr aus Utopia hören, die unser Lachen herausfordern." Thomas Morus selbst gestand: „Nur mit großem Widerwillen habe ich eine Stelle bei Hof angenommen – das weiß jedermann; der König hält mir diese Abneigung bisweilen scherzend vor. Ich fühle mich auch heute noch unsicher wie einer, der zum erstenmal auf einem Pferd sitzt." Sich mit den „beschwerlichen Lappalien des Fürsten" herumzuschlagen, war ihm gar nicht angenehm, und trotzdem legten sich die Ketten des Amtes immer enger um ihn. Thomas Morus diente am Hof, ohne dadurch zum charakterlosen Höfling zu werden.

Heinrich VIII. fühlte sich zu Thomas Morus hingezogen und war darauf bedacht, den scharfsinnigen Mann für seine Dienste zu verwenden. Der König besuchte ihn deshalb mehrfach in seinem Hause in Chelsea, pflegte seinen Arm um Thomas Morus' Schultern zu legen und in dieser vertrauten Haltung durch seinen Garten zu spazieren. Es ist das Gegenbild zu Thomas Morus' Haltung im Protest gegen Heinrich VII. Der König ließ ihn auch oft in sein Privatzimmer kommen, um sich mit ihm über Astronomie, Geometrie und Theologie zu unterhalten. Manchmal stiegen sie nachts auf das Dach und beobachteten die Sterne. Mit all diesen Bevorzugungen brachte der junge König seine Freundschaft mit

Die
Eröffnung
des
englischen
Parlaments
1523.
Stich (1723)
nach einer
zeit-
genössischen
Miniatur
in der Royal
Library in
Windsor.
Thomas
More als
,,Speaker"
steht am
unteren
Bildrand.
Links neben
Heinrich VIII.
sitzt Kardinal
Wolsey

Thomas Morus zum Ausdruck. Man mag sich fragen, ob Heinrich VIII. mit seiner kalten und oberflächlichen Art wirkliche Freundschaft empfinden konnte. Dies kann füglich bezweifelt werden.

In jenem Zeitpunkt aber lag die Zweifelsfrage noch fern. Der König schätzte die kluge Überlegenheit von Thomas Morus und anvertraute ihm stets wichtigere Ämter, zumal damals das Abendland wegen des Interessenstreites zwischen Karl V., Franz I. und Heinrich VIII. heillos zerrissen war und sich der Weg zu einem ehrenhaften Ausgleich und einem notwendigen Frieden äußerst schwierig gestaltete. Thomas Morus, als Gesandter des Königs, verhandelte in Flandern mit diplomatischem Geschick und anerkennenswerter Anständigkeit mit dem französischen König. Dabei wußte er genau, wie weit man gehen konnte und durfte, und nahm die Interessen seines Auftraggebers wahr, ohne den Gesprächspartner hinters Licht zu führen. Auf dem Gebiet der Politik trifft man selten ein derart kluges, ehrliches Vorgehen. Thomas Morus brachte den Frieden zustande, und wo immer ein Mensch für eine friedliche Vereinbarung eintritt, die nicht auf Kosten eines andern geschieht, tut er ein christliches Werk. Der Friede wurde immer mehr zur eigentlichen Leidenschaft seiner politischen Tätigkeit.

Die kluge Handlungsweise erfreute den König um so mehr, als er mit seinem Lordkanzler Wolsey in zunehmendem Maße unzufrieden war und ihn loszuwerden versuchte. Wolsey war ein vom Ehrgeiz zerfressener Mensch, der es bis zur Kardinalswürde gebracht hatte und nach der päpstlichen Tiara strebte, obwohl er Vater eines Sohnes und einer Tochter geworden war. Die massige Gestalt war ein Mann der Opportunitätspolitik, der abwechselnd lächelte und die Stirne runzelte. Mit unterwürfiger Miene verstand er es, den König nach seinem Willen zu lenken. Der König aber durchschaute zuletzt das unwürdige Spiel seines Kanzlers und ließ ihn fallen. Wolsey mußte das große Siegel zurückgeben und bekannte sich unter Tränen des Hochverrats schuldig. Er benahm sich kläglich in seinem Sturz, so suchte er Heinrich VIII. durch das Geschenk von Schloß Hampton Court umzustimmen; nur sein plötzlicher Tod rettete ihn vor dem Schafott.

Nun ernannte Heinrich VIII. Thomas Morus zum Lordkanzler von England. Er hatte nun die höchste Spitze in der diplomatischen Laufbahn erklommen und trug fortan die goldene Kette um den Hals. Freilich stellte er sie nur zur Schau, wenn dies unbedingt notwendig war. In den Augen der Welt war die Kanzlerschaft der letzte Gipfel einer erfolgreichen Laufbahn, in Wirklichkeit aber wurde sie für Thomas Morus zu einer wachsenden Last und zum Anfang seines Endes.

Der Einstieg des Christen in die Politik ist immer ein folgenschwerer, gefährlicher Schritt, auch dann, wenn man, wie Thomas Morus, die Politik nicht zum ausschließlichen Inhalt seines Lebens macht. Allzu viele Ränkeschmiede tummeln sich auf diesem sumpfigen Brachland und sind nur darauf bedacht, den andern zu Fall zu bringen. Dies sollte auch der redliche Thomas Morus erfahren, der einsam und gerade wie eine Wettertanne unter diesen gutgekleideten, hinterlistigen Männern stand. Weit und breit macht ihm niemand diese Ehre streitig.

Ein unköniglicher König

Die englische Königsgeschichte war eine mit Blut getränkte Geschichte. Dies kommt dem Leser der Königsdramen von Shakespeare erschütternd zum Bewußtsein. Der Dichter wußte um ihr in Macht und Mord verstricktes Wesen und hat es schonungslos auf die Bühne gebracht. Die Könige haben tiefe Schuld auf sich geladen, die nur durch den Untergang ihrer Dynastie gesühnt werden konnte. Nicht nur im Mittelalter haben die Träger der Krone schreckliche Dinge geschehen lassen, auch in der Renaissance setzten sie die skrupellose Machtpolitik fort, und erst die zweite, unblutige Revolution hörte damit auf.

Über Heinrich VIII. zu schreiben erfordert Freiheit von der monarchischen und der republikanischen Gesinnung. Der Hagiograph ist einzig der Wahrheit verpflichtet; mögen sich nun die zu schildernden Menschen in hohen oder niedrigen Stellungen befinden, dies darf seinen Blick nicht trüben.

Auch die Schilderung von Heinrich VIII. muß sich vor aller Schwarzweißmalerei hüten. Dies ist wohl dem Künstler Holbein am besten gelungen, als er das verschwommene Antlitz mit der kalten Leere der Augen festhielt und eine wenig durchsichtige Persönlichkeit malte. Auch Francis Hacketts Biographie verdient Erwähnung, die ihre psychohistorische Methode mit einer Dosis Zynismus verband, was dem Gegenstand entsprach. Wenn wir uns auch als Historiker nicht als Jüngste-Weltenrichter aufzuspielen haben, ist es doch unmöglich, Heinrich VIII. im vorliegenden Zusammenhang auszuklammern. Er ist der wahre Gegenspieler von Thomas Morus, und als solcher erfordert er eine scharfe Beleuchtung. Wer Thomas Morus bejaht, muß Heinrich VIII. ablehnen, und wer Heinrich zujubelt, begeht Verrat an Thomas Morus.

Heinrich VIII. wurde nach dem frühen Tod seines Bruders König von England. Man pries seinen Regierungsantritt mit überschwenglichen Worten: „Der Himmel lacht und die Erde freut sich." So sangen die Menschen bei seiner Thronbesteigung und erwarteten das goldene Zeitalter. Auch Thomas Morus begrüßte ihn mit einem Gedicht, was verständlich ist, war er doch durch seine Opposition bei Heinrich VII. in Ungnade gefallen. Heinrich VIII. war ursprünglich für den geistlichen Stand bestimmt; er las lateinische Bücher, und auf seinem Nachttisch lagen Boethius' „Tröstungen". Allem Neuen aufgeschlossen, gab seine Laufbahn zu größten Hoffnungen Anlaß. Auch schien es, daß er fromm sei, hörte er doch täglich dreimal die Messe und nahm abends an der Vesper und an der Komplet teil. Doch war es eine konventionelle Religiosität ohne eine innere Gottesbeziehung. Heinrich VIII. huldigte später einem abergläubischen Reliquienglauben und bezahlte eine beträchtliche Summe für „eine Träne, die unser Herr über Lazarus geweint und die von einem Engel aufbewahrt wurde, der sie Maria Magdalena in einer Phiole gab". Des Königs Leben glich einer absteigenden Kurve. Nun bleibt kein Mensch ein unverändertes Wesen, aber die Frage geht dahin, ob ihm eine aufsteigende oder hinabführende Entwicklung beschieden ist. Beide Möglichkeiten sind in ihm enthalten; was aus einem Menschen wird, der die Ordnung Gottes umstürzt, kann uns einen wahren Schrecken einjagen.

Der junge König trug zunächst ein einnehmendes Wesen zur Schau. Er begegnete den Menschen freundlich und zeigte ein vielseitiges Interesse, das die Humanisten für bare Münze nahmen. Allein, er war eitel. Heinrich VIII. bildete sich auf seine breitschulterige Körperfülle nicht wenig ein und war sogar imstande, dem französischen Gesandten voller Stolz seine feisten Schenkel zu zeigen. Auch liebte er hoffärtige Gewänder und schätzte es, als bestgekleideter Monarch der Welt zu gelten. Vergnügungssüchtig wie er war, veranstaltete er gerne turnierartige Feste, bei denen er sich durch wilde Tänze und tolle Sprünge hervortat – eine törichte Kraftmeierei. Stets war er darauf bedacht, im Mittelpunkt zu stehen und eine üppige Pracht zu entfalten. Er prunkte in seiner Verschwendungssucht mit seinem Reichtum, und tatsächlich war er der zweitgrößte Grundbesitzer Englands. Alle Tiefe und Innerlichkeit gingen ihm ab; in seinem grenzenlosen Egoismus kannte er nicht die geringste Nächstenliebe. „Am Hofe gibt es nichts als Scherz und Tanz; aber diese Scherze und Tänze werden noch bewirken, daß man mit unseren Köpfen umgeht wie mit Fußbällen", prophezeite Thomas Morus.

Mit achtzehn Jahren verheiratete sich Heinrich VIII. mit der sechsundzwanzigjährigen Katharina von Aragonien. Ob die Ehe aus dynastischen Gründen oder aus Zuneigung geschlossen worden war, bleibe dahingestellt. Katharina war die Gattin seines verstorbenen Bruders gewesen, mit dem sie schon als Kind vermählt worden war. Es ist umstritten, ob diese Ehe vollzogen wurde; Heinrich VIII. und sein Anhang behaupteten dies später, während Katharina diese Frage entschieden und bis zu ihrem Tode verneinte. Jedenfalls hatte damals der Papst den nötigen Dispens für Heinrichs VIII. Eheschließung erteilt. Katharina war eine spanische Königstochter. Sie war keine glutvolle Spanierin, denn von frühester Jugend an wurde jede spontane Regung erstickt, indem man sie in das steife, pflichtbewußte Hofzeremoniell hineinpreßte. Es war ihr kein leichtes Lebensschicksal beschieden, aber sie ertrug es mit Würde und blieb eine respektheischende Königin; Erasmus sprach sogar von der „heiligmäßigen Königin". Sie gebar Heinrich einige Kinder, aber zu ihrem großen Kummer kamen sie tot zur Welt oder starben nach wenigen Wochen wieder. Statt eines Knaben, eines männlichen Thronfolgers, überlebte zu Heinrichs VIII. Enttäuschung einzig ein Mädchen, das als „Maria die Katholische" in die Geschichte eingegangen ist. Maria teilte das schwere Los ihrer Mutter in der Verbannung, die wußte, was sie sich schuldig war. Katharina vertrat die spanischen Interessen in England und wich keinen Zoll von dieser Aufgabe zurück.

Heinrich VIII. war von einer sinnlichen, pathologisch anmutenden Erregbarkeit und nahm es mit der ehelichen Treue nie genau. Zum großen Leidwesen Katharinas beging er mehrfach Ehebruch. Seine erste Maitresse war Elisabeth Blount, eine Hofdame, die einen Sohn zur Welt brachte. Darnach hatte der polygame Heinrich VIII. mit Elisabeth Boleyn-Howard eine Liaison, und hernach machte er deren Tochter Marie zu seiner Maitresse. Der König schwängerte Marie, worauf ihr Ruf noch vor ihrem siebzehnten Lebensjahr dahin war. Sie mußte denn auch bald ihren Platz räumen.

Neben diesen wenig königlichen Liebeleien ließen sich Heinrich VIII. und sein Kanzler Wolsey in sinnlose, verschwenderische Kriege mit Frankreich verwickeln. Der König gefiel sich in seiner militärischen Macht und erklärte seinen Krieg mit Frankreich sofort als „Gottes Streit", was in seiner Sprache hieß: „Ein gerechter, heiliger und notwendiger Krieg". Daß dieser Krieg nur eine Unmenge Geld verschlang, kümmerte ihn keineswegs; auch gab er sich nie Rechenschaft über die Nutzlosigkeit seines Tuns. Nach dem Urteil der Historiker war dieser Krieg „ein Gemisch von Heldenhaftigkeit und Verbrechen, Schurkerei und Beherztheit".

Als auf dem Festland die Reformation sich verbreitete, verfolgte Heinrich VIII. dies mit Interesse. Er fühlte sich gedrängt, sich in die theologischen Streitigkeiten einzumischen. Nach seiner Ansicht hatte Luther die Mutter Kirche angegriffen. Heinrich VIII. wandte sich gegen seine Schrift von der „Babylonischen Gefangenschaft der Kirche", beschimpfte in einer mühsamen Verteidigungsschrift den rebellischen Mönch von Wittenberg, nannte ihn eine Schlange, einen tollen, rasenden Hund, kurz, eine Pest. Heinrich VIII. ging so weit in seiner Verteidigung der päpstlichen Autorität, daß sein Berater, Thomas Morus, ihn zur Vorsicht mahnen mußte: „Ich halte es für richtig, die Stelle zu ändern und die päpstliche Autorität weniger stark zu betonen." Heinrich VIII. aber beharrte auf seiner Fassung: „Nein, das soll nicht geschehen, wir sind dem Römischen Stuhl so verpflichtet, daß wir ihm nicht Ehre genug erweisen können." Luther schlug in seinem Grobianismus unflätig zurück, und Heinrich VIII. überließ die Antwort Thomas Morus. Die katholische Kirche aber dankte dem König durch Verleihung des Titels „Defensor fidei", auf den er nicht wenig stolz war. Selbst in seinem Testament führte er ihn noch an.

Außer seiner zügellosen Sinnlichkeit gab es noch einen zweiten Stein, über den Heinrich VIII. stolperte. Er tat sich überaus viel auf sein absolutistisches Königtum zu gut. Nach ihm war des Königs Wille identisch mit dem Willen Gottes. Wer dem König widerstrebte, der widersetzte sich zugleich Gott. Solche Worte entsprechen nicht der biblischen Obrigkeit, die von Gott eingesetzt ist, sondern dies ist Hybris und Wahn. Thomas Morus meinte einmal, daß die vielen „Schlachten zwischen großen Fürsten, die so viel Leid und großes Blutvergießen über so viele Menschen bringen", daher kommen, „weil ein König gerne über fünf Reiche herrschen möchte, der kaum eines gut regieren kann". Heinrich VIII. verdeckte seine Unfähigkeit unter dem absoluten Anspruch, den kein Mensch wirklich ertragen kann, ohne Schaden zu nehmen an seiner Seele. Die Machtfülle, über die der König verfügt, muß ihm notwendigerweise den Kopf verdrehen. Heinrich VIII. ertrug denn auch nicht den leisesten Widerspruch, hielt sich für unfehlbar, gottähnlich und errichtete einen totalitären Staat. Luther, der ihn mit des Feindes Auge scharf beurteilte, sagte: „Junker Heintze will Gott sein und tun, was ihn gelüstet." Seine Diener mußten willenlose Werkzeuge in seiner Hand sein, mußten gleichsam seine Gedanken erraten, bevor er sie ausgesprochen hatte, und sie auch ausführen, mochten sie nun gut oder böse sein. Der Monarch gestattete ihnen kein selbständiges Urteil. Dies alles schaffte eine, jede menschliche Beziehung vergiftende Atmosphäre. Heinrich VIII. hat mehr abendländische Werte zerstört als irgendein anderer Herrscher. Zunächst zerbrach er die eheliche Ordnung, dann zerbrach er die höhere Ordnung Gottes, Dinge, die sich demoralisierend auf seine Untertanen auswirkten. Dieser König hat die

Krone geschändet und war nicht würdig, sie zu tragen. Dies muß jeder Geschichtsschreiber empfinden, der vom Königtum groß denkt.

Vor allem hegte der König nicht die geringste Ehrfurcht vor dem menschlichen Leben. Wenn ein Diener nicht willenlos seine Befehle ausführte, warf er ihn weg wie einen unbrauchbaren Lappen. In der Regel begnügte er sich nicht, ihn einfach zu entlassen, sondern er bezichtigte ihn des Hochverrates – das Wort ging ihm spielend über die Lippen – und ließ ihn auf grausame Weise hinrichten. Er hegte nur Mitleid mit sich selbst, nie aber mit anderen Menschen. Die Enthauptung war noch die gnädigste Todesart, denn meistens befahl er, die Angeklagten zu hängen und ihnen zugleich den Bauch aufzuschlitzen. Während seiner Regierungszeit erlitten wegen oft nur lächerlicher Äußerungen zwei Kardinäle, zwei Erzbischöfe, achtzehn Bischöfe, dreizehn Äbte, fünfhundert Mönche und Tausende von Edelleuten, Frauen und Bürgern ein solches Schicksal. Heinrich VIII. war verlogen, skrupellos und gewalttätig, und sein Gewissen funktionierte längst nicht mehr normal. Nach außen mimte dieser unkönigliche Herrscher den vergnügten König, im Innern aber besaß er keine gesunde Seele. Der Ausdruck, er verkörpere den „Mythos des ewigen Schuljungen", ist für Heinrich VIII. viel zu harmlos. Nach Reinhold Schneider „sind alle Versuche verfehlt, ihn von Schuld loszusprechen; er war schuldig in einem Maße, wie es nur wenige Menschen geworden sind … auch die schwerste Schuld, die geistige, lag auf ihm: sie war der Preis der Macht." Je länger er regierte, um so mehr lag seine Herrschaft wie ein erdrückendes Verhängnis, wie ein schwarzer Alptraum, wie eine undurchsichtige Finsternis über England, nicht anders als Hitlers Terror über Deutschland und Stalins Tyrannis über Rußland.

Dem Gewissen verpflichtet

Eines Tages tanzte Anna Boleyn in die englische Geschichte hinein, und die Folgen ihres leichtsinnigen Schrittes waren unübersehbar. Sie war eine Grafentochter, die am französischen Hof ausgebildet worden war. Dort hatte das schwarzäugige Mädchen ihre Reize zu entfalten und ihren verzehrenden Ehrgeiz zu verstecken gelernt. Sie kam als Fünfzehnjährige nach England zurück. Feurig wie sie war und mit lockendem Temperament, verliebte sie sich, ein Erlebnis, das auf königlichen Befehl zertreten wurde. Als sie neunzehn Jahre alt geworden war, beobachtete der fünfunddreißigjährige Heinrich VIII. sie genauer, worauf es ihm schien, er habe noch nie geliebt. Hals über Kopf verliebte er sich in Anna Boleyn. Sie war jung, klug, das ovale Gesicht war von schwarzen Haaren umrahmt, und zwei lebhafte Augen blickten in die Welt. Die junge Dame verstand es, den König zu betören, obwohl er noch das Verhältnis mit ihrer Schwester Marie unterhielt und zudem an Katharina gebunden war. Anna hüllte ihren geschmeidigen Leib gerne in schwarze Gewänder, von denen sich ihre weiße Haut um so heller abhob; sie wußte genau, daß sie damit die Männer bezauberte. Heinrich VIII. war rasch für sie entflammt und schrieb ihr zärtliche Liebesbriefe. Aber Anna Boleyn wollte sich ihm nicht hingeben, wie es ihre Mutter und Schwester getan hatten, auch nicht, als der König vor ihr auf den Knien lag, es sei denn, er erhebe sie zu seiner rechtmäßigen Gattin und setze ihr den goldenen Reif auf das Haupt. Ihr Widerstand stachelte seine sinnliche Leidenschaft noch mehr an, und fortan vermochte er nur noch an ein Leben mit Anna zu denken.

Statt sich ehrlich seine Gefühlsverwirrung einzugestehen, griff der König zu einem abscheulichen Kniff: zur Heuchelei. Plötzlich begann er Gewissensskrupel vorzutäuschen und fragte sich, ob er nicht in einer sündhaften Ehe lebe, weil Katharina doch seines verstorbenen Bruders Gattin gewesen war. Zwanzig Jahre lang war ihm dies nicht zum Bewußtsein gekommen, jetzt schlich er plötzlich mit bedrücktem Gewissen umher, als ob er sich, trotz dem päpstlichen Dispens, einer schweren Sünde schuldig gemacht hätte. Hat Gott nicht seine Ehe deswegen verflucht und ihm keine männlichen Nachkommen geschenkt? Stand nicht in der Heiligen Schrift: „Mit dem Weibe deines Bruders sollst du nicht ehelichen Umgang pflegen, damit schändest du deinen Bruder"? Hatte nicht Johannes der Täufer unmißverständlich zu Herodes gesagt: „Es ist dir nicht erlaubt, sie zu haben"? In seiner gemimten Kümmernis übersah Heinrich VIII., daß der jüdische König die Herodias vom Bruder weggeholt hatte. Katharina dagegen war bei der Heirat mit ihm jedoch Witwe, und nach dem Deuteronomium war die Ehe mit der Schwägerin sogar geboten.

Heinrich VIII. rief eine Versammlung von Lords, Richtern und Ratsherren zusammen und teilte ihnen in einer einstudierten Rede seine schwere Gewissensnot mit, eine Bedrückung, die ihn keine Minute mehr frei atmen lasse. Hierauf ging er gebückten Leibes aus dem Saal. Die Schauspielerei war beinahe großartig; Heinrich VIII. hatte seine Heuchlerrolle vortrefflich gespielt, jedenfalls hatte er sein Ziel erreicht. Die Abgeordneten hörten ihm lautlos zu, vielen Teilnehmern liefen die Tränen über die Wangen angesichts des schweren Kummers, der ihrem König auferlegt worden war. Ein lebhaftes Mitleid mit ihm ging durch die Reihen, dies um so mehr, als die Abgeordneten keine Ahnung von des Königs verbotener Liebe zu Anna Boleyn hatten.

Dann wandte sich der König an seinen Kanzler Thomas Morus und bat ihn um Hilfe. Dieser, erschreckt über den Auftrag, versuchte einen Ausweg zu finden. Er gab sich redlich Mühe, forschte eifrig in der Schrift und bei den Vätern. Doch war alle angewandte Arbeit vergeblich; des Königs dunkle Liebesaffäre ließ sich nicht ins Lichtvolle umlügen. Hierauf fiel Thomas Morus vor dem König auf die Knie und sagte, er würde gerne eines seiner Glieder hingeben, wenn er es damit möglich machen könnte, ihm in dieser Angelegenheit mit reinem Gewissen zu dienen, doch sehe er hierin keine Möglichkeit. Der König versprach ihm, sich an jene Menschen zu halten, deren Gewissen hierin zur Genüge einwilligen würden, und des Kanzlers Gewissen nie mehr mit dieser Angelegenheit zu belasten.

Des „Königs große Sache", wie Heinrich VIII. aufgeblasenerweise seine Scheidungsangelegenheit nannte, ging hierauf nach Rom, damit der Papst die Verbindung mit Katharina löse. Papst Clemens wäre nicht abgeneigt gewesen, dem Ansinnen Heinrichs VIII. zu entsprechen, aber er war nicht frei in seiner Entscheidung. Er zögerte lange, nicht aus religiös-ethischen Bedenken, sondern weil er den Zorn des Kaisers fürchtete, da Katharina die Tante Karls V.

war. Aus diesem Grunde willigte Rom nicht in die Ehescheidung ein – zum maßlosen Ärger Heinrichs VIII. und der im Hintergrund ungeduldig wartenden Anna Boleyn.

An dieser unrühmlichen Weiberrock-Geschichte ist nur eines bedenkenswert: Plötzlich meldete sich in der Politik ein ganz unbekannter Faktor, das Gewissen des Thomas Morus, das nichts mit einer unredlichen Sache zu tun haben wollte. Das war ein ganz neues Geschehen, auf das an diesem verdorbenen Hof niemand gefaßt war. Während sonst alle Beteiligten nur darüber nachsannen, wie die Angelegenheit am elegantesten zu erledigen sei, erhob sich unerwartet die Stimme des Gewissens, das sonst für diese hohen Herren kaum eine Rolle spielte. Für Thomas Morus war das Gewissen ausschlaggebend, schreckte er doch nicht davor zurück, um seines Gewissens willen sein ganzes Leben aufs Spiel zu setzen. Selbstverständlich besaß er auch früher ein Gewissen, aber von da an wurde es die alles beherrschende Macht. Das Gewissen war die Stimme Gottes, und gerade dieser Stimme gehorchte er willig.

Die Unbeugsamkeit von Thomas Morus' Gewissen verdient vor allem Anerkennung, weil es weder vor den Schmeicheleien noch vor Heinrichs VIII. Unwillen zurückwich. Thomas Morus hatte sich beim Antritt des Kanzleramtes vom König ausdrücklich das Zugeständnis geben lassen, „daß er zuerst auf Gott sehen wolle, und nach Gott auf ihn". Im Unterschied zum gewissenlosen Herrscher, der nur von geheuchelten Gewissensskrupeln sprach, besaß Thomas Morus ein Gewissen, das echt war und ungemein fein reagierte. Ihm bedeutete das Gewissen die letzte Instanz auf Erden. Er war dem Gewissen verpflichtet, war willens, seinem Gewissen zu folgen, koste es, was es wolle. In dieser Konsequenz steht er überzeugend da, man spürt geradezu die von ihm ausgehende Kraft.

Thomas Morus fühlte immer deutlicher, wie seine Pläne nicht mit jenen des Königs übereinstimmten und wie von Tag zu Tag jede saubere Zusammenarbeit schwieriger wurde. Schließlich bat er um Entlassung, zog die goldene Kette wieder aus, verabschiedete sich freundlich von seinem Herrscher und blieb in seinem Hause in Chelsea. Damit verlor Thomas Morus das Gehalt, und es galt nun, sich einzuschränken. Voller Heiterkeit sagte er zu seinen Angehörigen: „Wenn es nicht anders geht, nehmen wir jeder einen Bettelsack und singen vor den Türen das Salve Regina; so können wir alle zusammenbleiben und gemeinsam fröhlich sein."

Zu Thomas Morus' Nachfolger ernannte der König Thomas Cromwell, der wieder die Tradition der gewissenlosen Politik von Kardinal Wolsey aufnahm, die durch den Mann aus Chelsea nur eine vorübergehende Unterbrechung erfahren hatte. Cromwell war mit seinem Kanonenschädel, dem zusammengepreßten Mund und den blinzelnden Augen ein eiskaltes Ungeheuer, das nur an seine Karriere dachte. Er war Laie, durchschaute mit seinem Zynismus die Klerisei und kannte nicht die geringsten Gewissensbedenken. Für ihn gab es weder Mysterium noch Humanismus. Der Emporkömmling plünderte schamlos die Klöster aus und war ein Kirchenräuber ersten Ranges. Für den neuen Kanzler war der König der Mann, der immer recht hatte, mochte er tun, was er auch wollte. Er hatte kräftig mitgearbeitet an der skrupellosen Beseitigung von Thomas Morus, ohne zu ahnen, daß er selbst wenige Jahre später auch das Schafott besteigen würde, wo ihm der betrunkene Henker nach dreimaligem Anhieb den Kopf vom Leibe trennte. Der Unterschied lag nur darin, daß bei ihm keine Schuldlosigkeit vorlag. Bei dieser Gelegenheit müßte man an das Wort erinnern, daß jede revolutionäre Umwälzung – das war die Gründung der anglikanischen Kirche trotz dem gewahrten, traditionellen Schein – ihre eigenen Kinder verschlingt.

Ein Gebundener Jesu Christi

Nach dem Abschied von Thomas Morus schritt Heinrich VIII. unaufhaltsam auf seiner abschüssigen Bahn weiter. Rom hatte der Scheidung von Katharina nicht entsprochen, und nun bestellte der König für diesen Zweck ein ihm höriges englisches Gericht. Katharina erschien, man forderte sie auf, sich zu verteidigen, und sie hielt in unvollkommenem Englisch eine majestätische Rede, worauf sie unverzüglich den Saal verließ. In dieser bedauernswerten Lage hatte sie sich königlich benommen. Sie bewahrte auch in der ihr auferlegten Verbannung ihre Würde und glaubte keine Stunde an die Gewissensskrupel Heinrichs VIII. Der Gerichtshof sprach die Scheidung aus, alle anwesenden Bischöfe stimmten zu, und nur der Erzbischof John Fisher lehnte mit glockenheller Stimme das Urteil ab.

Zugleich löste Heinrich VIII. äußerst vorsichtig die englische Kirche von Rom. Er ging behutsam vor, um nicht vorzeitig den Volkszorn zu reizen. Auf Betreiben des Erzbischofes Warham erklärte sich Heinrich VIII. in seinem unbändigen Machtwillen als ihr einziges und höchstes Haupt. Mit andern Worten: der König hatte sich zum Papst seiner Kirche und seiner Geistlichkeit gemacht. Die Trennung von seiner rechtmäßigen Gattin und die Verbindung mit Anna Boleyn erkaufte er durch die Loslösung der englischen Kirche von Rom, was ihm selbst nicht so leicht fiel, wie er sich äußerlich den Anschein gab. Er zerbrach damit die Einheit der Christenheit; welche Folgen dies nach sich zog, darüber gab sich Heinrich VIII. keine Rechenschaft. Der Herrscher hatte das Gesetz des Königs von Gottes Gesetz losgerissen, und nun flatterte es wie ein loses Blatt im Wind. Ohne Bild gesprochen, stürzte Heinrich durch seine willkürliche Tat das Land in ein Chaos. England brauchte über hundert Jahre, um sich aus dieser Verwirrung wieder zu einer Ordnung zurückzufinden. Die Entstehung der Anglikanischen Kirche war, religiös gesehen, keine reformatorische Tat des inneren Lebens. Sie war eine nationale Staatskirche geworden; königliche Kommissionen überwachten damals die Geistlichen, deren Predigten der Vorzensur des Hofes unterlagen. Daß die Anglikanische Kirche einem Manne wie Heinrich VIII. ihre Entstehung verdankt, betrachten die Engländer wohl als eine Ironie der Geschichte, die ihr Nationalbewußtsein ohne weiteres in Kauf nahm. Später änderte sich diese Auffassung: Der König ist nicht mehr das Haupt der Kirche, wie zur Zeit Heinrichs VIII., sondern nur noch deren Rektor. Doch ist hier nicht der Ort, die weiteren Schicksale der Anglikanischen Kirche zu erzählen, die später eine Vertiefung erfuhr und aus deren Mitte bedeutende Männer wie John Donne, John Wesley, Henry Newman usw. hervorgegangen sind. Zur Zeit Heinrichs VIII. freilich erlebte sie eine sie schwächende Säkularisation. Der neue Kanzler scheute sich nicht, ihr das Fell über die Ohren zu ziehen.

Dann heiratete Heinrich VIII. seine Geliebte Anna Boleyn. Die zunächst heimliche Trauung vollzog Thomas Cranmer, eine überaus wendige Theologengestalt, die mit ihren „katzenartigen Gedankengängen" dem König blind ergeben war. Er erlangte erst in Oxford, im Tode auf dem Scheiterhaufen, eine gewisse Größe. Anna Boleyn hatte ihr ehrgeiziges Ziel, Königin von England zu werden, erreicht. Der König und seine neue Frau hatten die primitivste Erkenntnis vergessen, daß man kein neues Glück auf das Unglück eines andern Menschen aufbauen kann. Einige Monate später feierte man mit großem Prunk die öffentliche Hochzeit, bei der sich das Volk instinktiv abweisend verhielt. Man lud Thomas Morus zum königlichen Fest ein, doch er nahm die Einladung nicht an, weil ihm schien, dies komme einer Billigung der Scheidung von Katharina von Aragonien gleich. Seine Abwesenheit am hochzeitlichen Fest wurde übel vermerkt. Heinrichs VIII. ehemalige Sympathie für seinen früheren Kanzler schlug in einen unauslöschlichen Haß um. Diese Haß-Liebe kommt im menschlichen Leben immer wieder vor; gewöhnlich ist der aus Liebe entstandene Haß besonders gefährlich, weil ihm eine pervertierte Einstellung zugrunde liegt. Von dieser Stunde an zeigte Heinrich VIII. nicht mehr die geringste königliche Gunst, ja, er verfolgte Thomas Morus mit der kleinlichsten Rachsucht. Daran war Anna Boleyn nicht unbeteiligt. Während ihren Liebkosungen entlockte sie Heinrich VIII. das Versprechen, Erzbischof Fisher und Sir Thomas Morus hinrichten zu lassen. Offenbar fühlte sie sich, wie früher Herodias, in ihrer neuen Stellung nicht sicher, solange Johannes der Täufer beziehungsweise Fisher und Thomas Morus noch lebten, und deswegen forderte auch sie die Köpfe dieser beiden lauteren Männer.

Heinrich VIII. verlangte von seinen Untertanen einen Eid, der seine Suprematie über die englische Kirche als zu Recht bestehend bekräftigte. Nun begann ein Trauerspiel, das man wegen seiner Würdelosigkeit nur mit innerem Schmerz verfolgen kann. Das ganze Parlament gab zitternd nach und verhielt sich wie die dauernd Beifall klatschenden Parlamente in den heutigen Diktaturstaaten. Nicht genug damit, auch dem überwiegenden Teil der schwachen Geistlichkeit fehlte die Gnade der Standhaftigkeit; sie beeilte sich, den Eid zu leisten. Von Überzeugung war nicht viel zu sehen; alle wollten in ihrer Furcht vor dem rücksichtslosen König den Anschluß an die neue Zeit nicht verpassen. Sie beugten und verleugneten sich vor dem selbstherrlichen Herrscher. Nur Kardinal Fisher, einige Kartäuser und Thomas Morus beugten ihre Knie nicht vor Baal.

Thomas Morus, der nicht an der Hochzeit teilgenommen hatte, sondern still zu Hause blieb, war auch nicht willens, den Eid abzulegen, der ohnehin gegen seine Überzeugung war. Als der König von der Weigerung hörte, vermochte er seine Wut nicht mehr zu zügeln. Kurzerhand befahl er, den ehemaligen Kanzler einem Verhör zu unterziehen. Die Vorladung nach Lambeth-Palace erschreckte Thomas Morus tief. Noch einmal schweiften seine Augen liebevoll zum schönen Haus in Chelsea zurück, dann stieg er schweren Herzens ins Boot und ließ sich von vier Dienern nach Lambeth rudern. Schweigend saß er im Kahn, die Wasser der Themse flossen an ihm vorbei, und stumm sann er vor sich hin. Das war wohl die schwerste und zugleich die bedeutsamste Stunde seines Lebens. Es ist falsch zu glauben, es sei ihm stets leicht gewesen, seinem Gewissen zu folgen. Während dieser Ruderfahrt erkannte er scharf, was ihm bevorstehen werde, wenn er seinem Gewissen treu bliebe. In diesem Moment erheischte die Gewissensentscheidung seine ganze seelische Kraft. Der ihn begleitende Schwiegersohn berichtet darüber in seiner Thomas-Morus-Biographie: „Wir saßen eine Weile still und traurig da, bis er mir endlich ins Ohr flüsterte: ‚Roper, mein Sohn, ich danke dem Herrn, die Schlacht ist gewonnen!‘“ Offenbar hatte Thomas Morus während der letzten Bootsfahrt seines Lebens die innere Kraft empfangen, seinem Gewissen unter allen Umständen treu zu bleiben. Er hatte die göttliche Anweisung angenommen und Gott für den siegreichen Kampf gedankt. Damit begann aber auch die Passion in seinem Dasein. Thomas Morus wurde in Lambeth gefragt, ob er bereit sei, den Eid zu leisten. Er weigerte sich dessen und wurde hierauf dem Abt von Westminster in Gewahrsam gegeben. Nach vier Tagen überführte man ihn in den Tower, wo er vom April 1534 bis Juli 1535 in Haft war. Man darf den düsteren Tower nicht mit dem aufgelockerten Betrieb von heute vergleichen. In jenen Tagen war der Tower ein festungartiges Gefängnis, für die Insassen „ein enger Ort, aus dem niemand entkommt“. Heute ist er zur Volksattraktion geworden. Tausende besuchen ihn, bestaunen die Kronjuwelen und die Waffensammlungen, schlecken daneben Eiscreme und verzehren ihre mitgebrachten Brötchen. Nur wenige Besucher scheinen sich über die furchtbaren Schicksale, die sich in diesen Mauern abgespielt haben, Rechenschaft zu geben. An dieser Oberflächlichkeit scheint der Umstand schuld zu sein, daß der Tower kein Wallfahrtsort, sondern eine bloße Sehenswürdigkeit ist.

Thomas Morus' Kerker im Tower besteht heute noch, aber er bleibt der Öffentlichkeit unzugänglich, weil man zu ihm nur durch die Wohnung des Gouverneurs gelangt. Wer durch eine besondere Erlaubnis ihn betreten darf, sieht sich in einen kahlen Raum versetzt, umgeben von nackten Wänden aus Stein. Spärliches Licht dringt durch die Schießscharten in den kalten, unheizbaren Raum. Hier befand sich der große Humanist und ehemalige Kanzler. Anständiges Bettzeug wurde ihm verweigert. Wie alle Gefangenen der damaligen Zeit lag er auf einem Häuflein Stroh, weshalb er namentlich während des Winters bitterlich fror. Sein Steinleiden nahm zu, und außerdem plagten ihn starke Rheumaschmerzen. Die Nahrung war unzulänglich, er magerte ab, und seine Vernachlässigung zeigte sich auch in einem wilden Bartwuchs. Des Königs Absicht war, Thomas Morus auch in seinem Äußern zu entwürdigen. Um ihn noch mehr zu quälen, nahm man ihm zuletzt auch alles Schreibmaterial. Zwar versuchte Thomas Morus, bei seinem Eintritt in den Kerker die Situation mit einem Scherz zu überspielen, indem er zum Wächter sagte: „Wenn ich mich hier über Kost und Logis beklagen sollte, so werfen Sie mich ruhig hinaus!“ Tatsächlich aber wußte Thomas Morus ganz genau, welche Wirklichkeit seiner im Tower wartete. Sein hartes Los kam ihm in den langen Wintermonaten und den dunklen Nächten drückend zum Bewußtsein. Welcher Zukunft mochte er entgegengehen? Nichts als bittere Leiden stürmten auf ihn ein, Leiden, ohne die kein Mensch zur inneren Vollendung gelangt. Deswegen vermochte er die ungewöhnliche Äußerung niederzuschreiben: „Wahrhaftig, meine Gefangensetzung betrachte ich als die größte Wohltat, die der König mir je erwiesen hat." Ja, er sagte sogar: „Mich dünkt, als mache Gott mich zu einem Kinde und nehme mich auf seinen Schoß und liebkose mich." Hat je ein Gefangener in seiner düsteren Zelle dergleichen lichtvolle Worte gesprochen?

Rohe Gewalt hatte ihn hierher gebracht. Des Königs Macht brachte ihn in diese bedrükkende Situation. Etwas anderes hatte der König nicht. Seine einzigen Waffen waren Macht und Gewalt, und diese ließ er frei spielen.

Illustrationsseite „Geburt Christi" aus einem 1530 in Paris gedruckten Stundenbuch, das Thomas More während seiner Haft im Tower bei sich hatte. Auf 19 Seiten dieses Buches schrieb Thomas den Anfang seines berühmten Gebets „Gib mir die Gnade, guter Gott – Gyve me thy grace good Lord …"

Was aber hatte Thomas Morus dem entgegenzusetzen? Nur eines: sein Gewissen. Wie der kleine David stand er dem Riesen Goliath gegenüber. Das Gewissen hatte ihm verboten, den Eid zu leisten. Er hatte sich genau geprüft, hatte es von allen Seiten überlegt, wie er zu handeln habe, dies um so mehr, als er wußte, was auf dem Spiele stand. Er machte sich über seine Zukunft keine Illusionen. Ehrlich gestand er: „In manch' einer ruhelosen Nacht, während meine Frau schlief und auch mich schlafend wähnte, überdachte ich alle Gefahren, die mir begegnen könnten; ich zog alle Möglichkeiten in Betracht – selbst das größte Unglück kann mich nicht unvorbereitet treffen. Oft wurde das Herz mir schwer bei solchen Gedanken; aber nicht einmal das atemraubendste Angstgefühl konnte mich zu einer Sinnesänderung bringen." Thomas Morus war entschlossen, seinem untadeligen Gewissen, das „meinen Augen ganz verborgen, tief in meinem Herzen liegt", bedingungslos zu gehorchen. Das Gewissen des ehemaligen Kanzlers war nicht das autonome Gewissen des modernen Menschen, auf das kaum Verlaß ist, noch weniger war es ein evolutionäres Gewissen, das nach einer naturwissenschaftlichen Pseudophilosophie durch bloßen Zufall entstanden ist. Für ihn war das an Gott gebundene Gewissen ausschlaggebend, ein Verhalten, das für den heutigen Menschen einer einzigartigen Gewissens-Schulung entspricht. Im Gegensatz zu den Diktatoren, die auf eine Aushöhlung des Gewissens bedacht sind, verkörpert Thomas Morus die Großmacht des Gewissens. Er stellte durch seinen Gewissensgehorsam die „Kirche im Kerker" dar, die unumstößlich ist.

Dieser humanistisch gebildete Christ war ein vornehmer Mensch. Nie hätte er sich angemaßt, über das Gewissen anderer Menschen zu urteilen. Wer den Eid leistete, war in seinen Augen nicht schon eine erbärmliche Kreatur, mußte er dies doch vor dem eigenen Gewissen verantworten. Darum enthielt Thomas Morus sich jeden Urteils über anderer Leute Gewissensentscheidung, eine noble Haltung, der man sonst in religiösen Kreisen selten begegnet.

Während der ersten Zeit seiner Haft gestattete man ihm, seine Tochter Margaret zu empfangen. Man erhoffte sich davon, daß sie ihn zur Ablegung des Eides überrede. Bevor Vater und Tochter die Situation zu besprechen begannen, beteten sie gemeinsam einige Bußpsalmen. Dann begann ein Dialog zwischen Thomas Morus und Margaret, der in der Geschichte der Generationen nicht seinesgleichen hat. Margaret versuchte, ihn zum Einlenken zu bewegen, und machte alle Gründe geltend, die für die Ablegung des Eides sprachen, den sie selbst geleistet hatte. Thomas Morus aber antwortete: „Da ich in dieser Sache nur Gott ansehe, so macht es mir wenig aus, wenn auch die Menschen es nennen, wie es ihnen beliebt, und sagen, es sei nicht das Gewissen, sondern ein törichter Skrupel." Mit unendlich schwerem Herzen saßen sich die beiden Menschen gegenüber. Thomas Morus blickte seine Tochter lange schweigend an und sagte dann mit leiser Stimme: „Nun, meine Tochter Margaret? Woran denkst du denn? Hecke nicht irgendeinen neuen verführerischen Plan aus; versuche nicht, mich mit andern Künsten zu überreden und Vater Adam nochmals den Apfel anzubieten." In ihrem Herzen wußte Margaret genau, daß ihr Vater recht hatte und daß alle andern Menschen, einschließlich sie selbst, unrecht gehandelt hatten. Aber ihrer töchterlichen Liebe fiel es schwer, sich mit dem Schicksal des gefangenen Vaters abzufinden. Es ist ganz unmöglich, die schmerzliche Schönheit dieser Kerkerszene zwischen Vater und Tochter je wieder zu vergessen.

Bei einem der Besuche Margarets im Kerker, als Vater und Tochter beisammen saßen, wurden einige Kartäuser, die ebenfalls festgeblieben waren und den Eid verweigert hatten, gerade zu der besonders grausamen Hinrichtung abgeführt. Vater und Tochter schauten durch das schmale Fenster zu, wie diese tapferen, unbeugsamen Männer über den Hof des Tower geführt wurden. Dann sagte Thomas Morus zu Margaret: „Schau doch, Meg, wie freudig diese guten Väter in den Tod gehen, wie Brautleute auf dem Weg zur Kirche." Die Freude auf den bleichen, abgezehrten Gesichtern der Kartäuser und ihr Gesang voll Siegesgewißheit hatten Thomas Morus mit Bewunderung erfüllt, und von neuem war er von diesen Mönchen angetan. Am Anfang und am Ende seines Lebens stand das Vorbild der Kartäuser, ihm schien, es sei ihm vom Himmel gesandt worden, denn es hatte sein Dasein bestimmt.

Immer wieder hatte er sich eingehender Verhöre zu unterziehen, weil sein „Verhalten Anlaß sei zu sehr viel Murren und Unruhe im Reiche". Man verlangte von ihm, er solle den Richtern die Gründe seiner Eidesverweigerung nennen. Er lehnte dieses Ansinnen entschieden ab und schwieg bewußt und unerbittlich all diesen Fragen gegenüber. Niemandem offenbarte er sich in dieser Beziehung, nicht einmal seiner Tochter, weil er ihr keine Ungelegenheiten bereiten wollte. Das Schweigen, an das sich Thomas Morus klammerte, ist von großer Eindrücklichkeit; es war ihm zur Quelle seines Widerstandes geworden. Er erinnerte sich an Jesu Verhalten gegenüber dem Hohenpriester: „Er aber schwieg und antwortete nicht." Dieses Schweigen Christi war für Thomas Morus wegleitend. Er hüllte sich in konsequentes Schweigen, das beredter war als alles Reden. Er schwieg, obwohl er fürchtete, deswegen auf die Folter gespannt zu werden. Diese Stille brachte die Richter in eine helle Wut. Sie nützte ihnen nichts, denn Thomas Morus war ein standhafter Mensch, ein Mann, der nicht wankte und nicht schwankte, der voll innerer Festigkeit auch der schwersten Situation trotzte.

Obwohl Thomas Morus schwieg, ist für uns der tiefere Grund seiner Eidesverweigerung nicht schwer zu erraten. Er hat es nicht aus Liebe zum Papsttum getan. Dies war gar nicht möglich, wenn man an die Namen der Renaissancepäpste seiner Zeit denkt: Alexander VI., Julius II., Leo X., Clemens VII., Paul III. Ihr Leben war der Politik und der Verschwendung gewidmet und hatte mit dem Christentum herzlich wenig zu tun. Deswegen hatte Thomas Morus schon Heinrich VIII. bei der Abfassung der Schrift gegen Luther vor der allzustarken Betonung der päpstlichen Autorität gewarnt, wenn auch der König später lügnerisch behauptete, der Kanzler habe ihn zur Abfassung dieser Schrift verführt. Thomas Morus antwortete damals ruhig: „Seine Majestät weiß ganz genau, daß es sich umgekehrt verhält."

Der tiefere Grund lag darin, daß der König mit seinem Vorgehen aufs neue die Einheit der Christenheit zerbrach. Sie wurde schon durch das Schisma mit der Ostkirche und hernach durch Luther aufgelöst. Jetzt beteiligte sich Heinrich VIII. erneut an der Zerreißung des ungenähten Rockes Christi, ein Tun, das Thomas Morus für ein offenkundiges Verderben hielt.

Eine gespaltene Christenheit bildet ein Ärgernis, jedes Schisma ist eine Sünde. Der menschliche Eigensinn bewirkt es schnell, aber unendlich schwer ist diese blutende Wunde zu heilen. Thomas Morus bewertete die Zerstörung der Einheit der Christenheit als ein Verbrechen. Dies offen zu sagen wäre einer Majestätsbeleidigung gleichgekommen, weshalb er konsequent schwieg. Wenn die Einheit mutwillig um eines Weiberrockes willen zerrissen wird, dann ist es um die Kraft geschehen, und sie befindet sich in einem lähmenden Zustand der Schwäche. Hierin hat Thomas Morus eine Wahrheit erkannt, deren Tragweite wir erst heute völlig überblicken, weswegen wir voller Sehnsucht nach der Landschaft der ungeteilten Christenheit Ausschau halten.

Thomas Morus schwieg, weil er niemand beleidigen wollte, aber daß er „sterben mußte, weil er schwieg, nicht weil er redete, ist eine wundersame Fügung". Er hat sich nicht zum Martyrium gedrängt, er wußte, daß man dies nicht tun darf, weil kein Mensch zum voraus weiß, ob er die Kraft hat, durchzuhalten. Oft sind jene Menschen, die das Martyrium wünschten, dessen gerade nicht gewürdigt worden. Doch Thomas Morus wurde zum Märtyrer für die Einheit der Christenheit, und gerade wegen dieser Großtat bleibt er für uns verehrenswert. Es ist wahrhaftig nicht so, als verstünde dies ein evangelischer Christ nicht. Wenn es ihm mit dem Evangelium ernst ist, leidet er unter der Zerrissenheit genau so wie ein katholischer Christ. Die Einheit der Christenheit wird nicht durch Diskussionen und Podiumsgespräche, nicht durch Sitzungen und Konferenzen erreicht. Diese Versuche haben sich als unzulänglich erwiesen. Wir müssen einen anderen Weg suchen. Die neue Einheit wird uns allein durch Gebete, Leiden und Opfer geschenkt. Diese Wahrheit haben wir noch zu wenig begriffen, und darum ähnelt die ökumenische Bewegung mit ihren Schlagworten einem Gehen am Ort. Das Blut-Zeugnis von Thomas Morus ist der leuchtende Beitrag zum Problem der Versöhnung der Gläubigen.

Nach einer Überlieferung soll Heinrich seinen ehemaligen Kanzler im Kerker besucht haben, um ihn in seinem Entschluß zu erschüttern. Abgesehen davon, daß der König viel zu feige gewesen wäre, dem ehemaligen Freund offen ins Auge zu schauen, ist dieses Gerücht erst hundert Jahre nach Thomas Morus' Tod entstanden, weshalb es nicht Anspruch auf geschichtliche Wahrheit erheben darf. Die Fama gehört in das Reich der Fabel. Doch hat Reinhold Schneider das Gerücht aufgegriffen und daraus eine tiefsinnige Novelle geformt: „Der Traum des Heiligen". Sie ist überaus lesenswert, weil sie die unausgesprochenen Gedanken Thomas Morus' wundervoll erspürt hat. Man kann ihn nicht tiefer verstehen, als es Reinhold Schneider in seiner verhaltenen Erzählung getan hat; sie liest sich wie eine Neufassung des alten Gebetes: „Auf daß alle eins seien!"

Trost im Leiden

Thomas Morus dachte natürlich im Kerker viel an seine Angehörigen und sann darüber nach, welches Schicksal ihnen bevorstehe. Ein bedrückender Gedanke, und doch sah er keine Möglichkeit, die dunkle Situation zu ändern. Er konnte und durfte nicht um seiner

Liebe zu seinen Angehörigen willen der Wahrheit untreu werden, die sich ihm geoffenbart hatte. Thomas Morus gestand selbst, er besitze ein zartfühlendes Herz. Er war alles andere als eine robuste Natur, die über sensible Gedanken einfach hinwegschritt. Das härene Bußhemd unter seinem schönen Gewand hatte aus ihm keinen Asketen gemacht, sondern es hatte ihn nur gemahnt, den gewöhnlichen Versuchungen zu widerstehen.

Aber der schweigende Mann brütete in seinem düsteren Kerker nicht nur still vor sich hin. Das bloße Sinnieren hat wenig Wert. Der Mensch macht sich dadurch das Herz nur noch schwerer. Thomas Morus raffte sich auf und arbeitete auch im Gefängnis. Er griff zum Gänsekiel und begann zu schreiben.

Die lange Haftzeit hatte seine Gesundheit empfindlich geschwächt. Trotzdem verfaßte er eine Schrift: „Trost im Leiden". Es ist neben der „Utopia" sein zweites berühmtes Werk, über das man nur mit verhaltener Freude berichten kann. Thomas Morus schrieb es unter den entwürdigendsten Bedingungen. Schreibpapier fehlte ihm oft und zuweilen auch das Schreibzeug, trotzdem ließ er sich nicht entmutigen. Das Buch ist in Dialogform verfaßt: ein Neffe und ein Onkel unterhalten sich im fernen Ungarn über die herannahenden Türken. Die Verhüllung ist geschickt durchgeführt, aber der aufmerksame Leser merkt bald, wer unter dem Großtürken gemeint ist, der mit allen Mitteln versucht, die Christen zum Abfall von ihrem Glauben zu bringen. Onkel Anton vertritt dabei eindeutig Thomas Morus' eigene Meinung, während dem Neffen eine eher fragende Rolle zugewiesen wird. Es ist eine mit Scharfsinn und großem Ernst verfaßte Schrift, ein Buch von echter Religiosität, das die Bedeutung der „Utopia" überstrahlt.

Der Hintergrund bildet die Situation der Christenheit, die nach Thomas Morus' Urteil „arg verfallen ist". Es schien ihm, als sei sie wie eine lange Winternacht. In dieser Weise haben die ernstgesinnten Christen stets über die Welt gedacht. Auch Thomas Morus sprach von einer „Elendswelt" und meinte, wenn es auch eine Zeit zum Weinen und eine Zeit zum Lachen gebe, so stehe die Zeit des Weinens nach der Bibel an erster Stelle. Dann fährt er fort, „daß der Herr zwei- oder dreimal geweint hat, aber wir finden nicht, daß er auch nur ein einziges Mal gelacht hat". Als überzeugter Christ versank Thomas Morus nie in Verzweiflung. Nie verlor er die Hoffnung: „Obwohl wir aber so schlecht sind, wie wir sind, zweifle ich doch durchaus nicht, daß die Christenheit, auch wenn sie noch so sehr erniedrigt wird, schließlich aufersteht."

Im Mittelpunkt der Ausführungen steht gemäß dem Titel das Problem des Trostes. Das Wort ‚Trost' genießt heute keine hohe Wertung. Information, Zen-Meditationen etc. scheinen sehr viel wichtiger zu sein. Ein Tagesschriftsteller meinte einmal, es könnte ihm kein größeres Unglück widerfahren, als wenn ein Buchhändler seine Bücher in das Schaufenster unter dem Motto „Trost bei NN" stellen würde. Die Befürchtung ist unbegründet – man soll nicht etwas geringachten, weil die Trauben einfach zu hoch hängen. In Wirklichkeit wird der Mensch immer wieder in Situationen hineingeführt, wo alle Ideologien zerbrechen und er in seiner tiefen Kümmernis nach Hilfe Ausschau hält. Es gibt so unendlich viel Leid in der Welt, das geradezu nach Trost schreit, und es wäre reichlich illusorisch, ihn durch

Umstrukturierung der Verhältnisse aus der Welt schaffen zu wollen. Die Menschen bedürfen dringend des Trostes, und meistens wird er ihnen vorenthalten. Warum? Wir haben heute keine Vorbilder mehr, die den wahren Trost zu spenden wissen. Auf echte Weise zu trösten ist etwas vom Allerschwersten, was es gibt; man muß selbst getröstet sein, um andere wirklich trösten zu können. Die Psalmen vertreten diese Wahrheit.

Thomas Morus war dazu fähig, weil er sich selbst in einer schweren, aussichtslosen Situation befand und nur zu gut wußte, daß es nie mit ein paar billigen Sprüchen getan ist. Nach ihm ist es „fast überall in der Christenheit üblich, auf eine so unchristliche Art zu trösten, obgleich man damit dem Kranken mehr schadet als nützt". Er lehnte jeden unechten Pseudotrost ab, der den Schmerz nur mit Zerstreuung übertünchen will. Auch der Trost der alten heidnischen Philosophen genügt nach ihm nicht. Wenn die Ablenkung vorbei ist, steht der Mensch wieder vor dem gleichen Elend wie vorher. Ungewohnt scharf betont Thomas Morus: „Denn Gott ist dein Trost und muß dein Trost sein, nicht ich." Nach seiner Überzeugung ist „Christus räumlich nicht einen Finger breit und zeitlich nicht eine Minute je von dir fern." Selbst im entsetzlichsten Sturm von Leid gibt der Christ sein Vertrauen auf Gott nicht auf. Gott allein ist der große Arzt. Dieser Glaube bildet das Fundament. Wenn diese Grundlage nicht vorhanden ist, dann ist aller geistliche Trost wertlos. Thomas Morus nennt einen ersten Trostgrund „das Verlangen, von Gott getröstet zu werden". Diese selten vernommene Formulierung liest man bei ihm immer wieder. Sie grenzt an eine mystische Erfahrung, aus der er seine Widerstandskraft schöpfte. Menschlicher Trost mag gutgemeint sein und reicht doch nicht aus. Er bleibt im Zuspruch hängen. „Von Gott getröstet zu werden" ist ein Geschenk, das sich ganz im Herzen des vom Leid zerschlagenen Menschen vollzieht und ihm plötzlich das Gefühl einer wundersamen Geborgenheit gibt. Thomas Morus überläßt die Art des Trostes Gott allein und gibt sich zufrieden, ob Gott sein Übel wegnimmt oder ihm die Geduld verleiht, es zu ertragen. Er war weit entfernt von allem im Volk überaus beliebten „Devotionalientrost". Sein Buch ist von überzeitlichem Wert, gerade weil er sich in besonderer Weise auf Gott allein verließ.

Ferner schrieb Thomas Morus noch eine Reihe von Briefen im Gefängnis. Er hatte immer das Bedürfnis gehabt, mit fernen Menschen in einem brieflichen Kontakt zu bleiben. Nun haben die Briefe aus dem Tower eine besondere Note und sind nicht mit andern Briefen auf die gleiche Stufe zu stellen. Daß sie zum Teil mit Kohle geschrieben sind, beleuchtet die Not-Situation, in der sich Thomas Morus befand. Man liest sie nicht ohne innere Teilnahme, spürt man doch aus jeder Zeile die vorhandene innere Kraft des schwergeprüften Mannes. Sie strahlen deshalb auch ein nicht alltägliches Licht aus. Die Briefe gehören zu den erhabensten Literaturzeugnissen, nur vergleichbar mit Platos „Apologie", die dieselbe Überlegenheit eines Verurteilten über seine bedeutungslosen Richter zeigen. Wer Thomas Morus' Briefe aus dem Gefängnis gelesen hat, zweifelt nicht mehr daran, daß sie ein Heiliger geschrieben hat. Man spürt den Heiligen förmlich auf sich zuschreiten. Seine Tochter Margaret hat wohl das Beste über sie gesagt: „Obwohl sie nur mit Kohle geschrieben sind, sind sie nach meiner Meinung doch würdig, mit Lettern von Gold aufgezeichnet zu werden."

Wir fragen nach den Kraftquellen von Thomas Morus, da es durchaus nicht verständlich ist, ein derart schweres Schicksal mit einer solchen Gelassenheit zu ertragen. Es läßt sich auch nicht aus seinem Naturell erklären, war er doch selbst nie sicher, ob ihm die Kraft zum Durchhalten geschenkt werde, und außerdem wußte er um die Gebrechlichkeit seines Wesens. „Ich kenne meine eigene Schwäche sehr wohl; ich weiß um die Zaghaftigkeit meines Herzens" gestand er. Aber es lebte in ihm ein Vertrauen, er wußte geradezu, daß ihm nichts geschehen würde außer dem, was Gott will. Dieses Urvertrauen ist vom menschlichen Intellekt ganz unabhängig und ist ein reines Geschenk von oben.

Thomas Morus war ein großer Beter. In seinem Hause in Chelsea wurde das tägliche Gebet gepflegt. Im Gefängnis war ihm alles genommen, die Familie, die Bücher und auch die Sakramente. Nur eines war ihm geblieben, das ihm niemand rauben konnte: das Gebet. Er machte eifrig davon Gebrauch, mißtraute allem, was ihn vom Gebet ablenkte, und weitete seine düstere Zelle zu einer hellen Stätte des Gebetes aus. Während er im Kerker saß, schrieb er einmal seiner Tochter Margaret: „Ich habe Gott nie gebeten, mich von hier fortzubringen oder mich vor dem Tode zu bewahren, sondern ich habe alles Seinem Gefallen anheimgestellt, denn Er weiß besser als ich, was das Beste für mich ist." Wiederholt bat er seine Angehörigen, für ihn zu beten, und versicherte, er tue es auch für sie. Selbst in seiner letzten Stunde forderte er die Zuschauer auf, für ihn zu beten. Er nannte sich des Königs „täglicher Fürbitter" und versicherte, „ich bete für seine Hoheit, für alle ihre Getreuen und für das ganze Reich". Diese Einstellung bewahrte ihn vor allen Haßgefühlen gegenüber Heinrich VIII. Das Gebet gab ihm Kraft. Nie sah er darin eine bloße Autosuggestion – das sieht der Unglaube –, sondern er spürte geradezu die innere Verbindung mit Gott. Thomas Morus, der vorbildliche Christ, hatte ein Bedürfnis, das überrationale Gespräch mit Gott zu pflegen, weil es ihm das Höchste und zugleich das Tiefste vermittelte: die Ergebung in seine schwere Lebenssituation und das innere Gleichgewicht. Aus dem Gebet schöpfte er die Kraft, das Martyrium für die Einheit der Christenheit zu vollbringen, das von ihm gefordert war.

Ferner lebte in Thomas Morus eine ungemein starke Jenseitsgewißheit. Er rätselte nicht darüber, ob Unsterblichkeit und Auferstehung lediglich zwei Worte seien für die gleiche Überzeugung oder ob darin ein Unterschied bestehe. Solche abstrakten Gedankengänge verwirren nur das einfache Volk und lagen ihm selbst fern. Noch weniger hielt er es mit den Skeptikern, die an das Nichts glauben und meinen, mit dem Tode sei alles aus. Erasmus bezeugt von seinem Freund, wenn er vom ewigen Leben spreche, spüre man unwillkürlich seine Überzeugung. Thomas Morus glaubte unerschütterlich an das Weiterleben nach dem Tode: „Ich will für uns alle beten, damit wir uns einst im Himmel wiedersehen dürfen, wo uns ewige Freude erwartet und kein Kummer uns mehr bedrücken wird." Eine neu errungene Jenseitsgewißheit allein hilft der geschwächten Christenheit, den verderblichen Skeptizismus zu überwinden.

Thomas Morus' Glaube an das ewige Leben ist nicht etwa von unten abgeleitet, von der Angst und Unsicherheit. Wohl wußte auch er, was Angst ist, wie sie einen Menschen wie eine bösartige Krankheit umklammert, aber er durchschaute sie als eine Vorspiegelung des

Teufels. Deswegen entfaltete er keine Schreckenstheologie der Hölle, die das Seelenleben zerstört und unzähligen Christen das Sterben unendlich schwer macht. Thomas Morus drohte seinen Widersachern nicht mit der Hölle, prophezeite ihnen nicht, sie müßten ihre Untaten dort unsagbar qualvoll büßen, sondern hoffte, mit allen im Himmel fröhlich zu sein. Das ist die Sprache des Evangeliums. Allen Menschen soll geholfen werden, und deshalb harrte er in freudvoller Erwartung des ewigen Lebens. Mehrfach schrieb er in seinen Briefen von jenem Ort, da wir alle miteinander fröhlich sein werden. Inmitten seiner Todesgedanken leuchtete die Freude auf, und zwar jene überirdische Freude, die seiner Persönlichkeit die heitere Grundlage schenkte.

Aus seinem intensiven Gebetsleben und der freudigen Jenseitshoffnung erklärt sich sein Starkmut. Diese beiden Quellen gaben ihm die Kraft zur Standhaftigkeit. Er kannte weder Unsicherheit noch Wankelmut, stand da wie eine Eiche, mochte der Wind noch so wild durch seine Blätter rauschen, der Stamm blieb fest, und den Wurzeln vermochte er nichts anzuhaben. Standhaftigkeit braucht der Mensch in jeder Stunde seines Lebens, eine Hal-

Teil einer Manuskriptseite der „Expositio passionis", die Thomas More 1535 während seiner Haft im Tower als Ergänzung seiner „Geschichte der Passion" niederschrieb. Wie stark Thomas in dieser Zeit mit der Leidensgeschichte Christi beschäftigt war, zeigt sein Ausspruch während eines Verhörs am 30. April 1535: „Mein ganzes Denken und Studieren wird auf die Passion Christi gerichtet sein und auf mein Fortgehen aus dieser Welt."

tung, um die der Christ bitten muß, damit er den schmalen Weg zu gehen vermag. Diese überwältigende Unabhängigkeit befähigte Thomas Morus, das Unrecht des Königs zu sühnen und ihm nicht bloß zu widerstehen. Wahrscheinlich versteht die Welt diesen christlichen Gedankengang kaum, aber das verringert den tiefen Wahrheitsgehalt des Martyriums für die Einheit der Christenheit in keiner Weise, im Gegenteil, sie läßt es in einem um so helleren Licht erscheinen.

Als die Richter ihn bei den Verhören bedrängten, antwortete er in aller Kürze, „daß ich mich niemals wieder mit der Welt befassen werde, und wollte man mir die Welt schenken, sondern mein ganzes Denken wird auf die Passion Christi und auf mein eigenes Wegscheiden aus dieser Welt gerichtet sein". In der Tat begann er im Kerker noch ein zweites Buch zu schreiben, eine Auslegung der Leidensgeschichte des Herrn. Er vermochte es nicht zu vollenden, denn als er bei der Stelle angelangt war, „und sie legten Hand an ihn", nahm man ihm alles Schreibzeug weg. Auch dieses Geschehen ist von symbolischer Bedeutung. Die Häscher haben sich damals nicht gescheut, den Meister wie einen Verbrecher abzuführen, und so ist es auch seinem Jünger Thomas Morus ergangen, dieweil nach einem Wort Christi, der Knecht nicht über dem Herrn steht. Das Passionsgeschehen hat sich im Leben von Thomas Morus auf eine geheimnisvolle Weise wiederholt. Er drängte sich nicht zum Martyrium, aber als es an ihn herantrat, entzog er sich ihm nicht. So kam es, daß die Schergen auch Hand an Thomas Morus legten.

Auf dem Schafott

Thomas Morus hatte im Tower zahlreiche Leidensgefährten, da nach des Königs Willen die selbständig denkenden Menschen eingekerkert wurden. Von den tapferen Kartäusern war schon die Rede. Ebenso aufrechter Gesinnung war Erzbischof John Fisher. Er hatte sich schon beim Scheidungsprozeß gegen die Trennung Heinrichs VIII. von Katharina ausgesprochen, und hernach verweigerte er auch den Eid auf die Suprematie des Königs über die Kirche. Der christliche Humanist wurde für seine Glaubenstreue von Papst Paul III. noch im Tower zum Kardinal ernannt, eine Ehre, die Heinrich VIII. in helle Wut versetzte. Thomas Morus schätzte John Fisher überaus und wußte ihm keinen Mann im Reiche an Weisheit und Tugend gleichzustellen. Zwar war es den beiden gleichgesinnten Männern unmöglich, im Gefängnis Kontakt miteinander aufzunehmen. Beide waren streng bewacht, und es gab damals noch keine gemeinsamen Spaziergänge im Hof des Towers. Trotzdem erfuhr Thomas Morus, daß Kardinal Fisher Ende Juni zur Hinrichtung geführt würde. Er hat sich dabei großartig benommen. Als man ihm morgens fünf Uhr mitteilte, um neun Uhr werde das Urteil vollzogen, meinte er, es sei noch früh am Tage, und bat, man möge ihn noch etwas ruhen lassen, worauf er sich hinlegte und bis sieben Uhr schlief. Schließlich holten die Wachen ihn ab, und er hatte nur noch den Wunsch, man möge ihm seinen Pelzmantel umhängen, damit er sich unterwegs nicht erkälte! Ist das englischer Humor, oder ist das ein christlicher Sieg über den Tod? Jedenfalls wurde nach Jahren auch John Fisher heiliggesprochen; er war für seinen Glauben gestorben und darf so wenig wie Thomas Morus vergessen werden.

Schließlich führte man Thomas Morus zum letzten Male vor den Königlichen Gerichtshof. Zu Fuß mußte er durch die belebtesten Straßen von London gehen. Wegen der langen Haft und der ungenügenden Kost fühlte er sich schwach und des Gehens ungewohnt, er schwankte und mußte sich auf einen Stock stützen. Die neun Richter und die zwölf Geschworenen waren keine unabhängigen Männer, die nach bestem Wissen und Gewissen urteilen durften. Solche gab es im damaligen England so wenig, wie es sie heute in irgendeinem Diktaturstaat gibt. Es waren gemietete Richter, Werkzeuge in der Hand Heinrichs VIII., denen genau gesagt wurde, wie sie sich zu verhalten hatten. Die Beratung dauerte nicht einmal eine Viertelstunde. Cromwell wollte sofort das Strafmaß feststellen, doch Thomas Morus erhob die Hand und sprach: „Ich rufe Gott zum Zeugen an, daß nichts als mein Gewissen mich so zu reden antreibt." Dann wurde das furchtbare Bluturteil verkündet: Erhängung bis zum Halbtode und Aufreißen des Unterleibes in noch lebendigem Zustand. Thomas Morus hörte es in völliger Seelenruhe mit an.

„Des Fürsten Unwille bedeutet Tod", sagte bei dieser Gelegenheit der Herzog von Norfolk zu Thomas Morus. Er aber erwiderte: „Ist das alles, mein Lord, wahrlich, dann gibt es keinen andern Unterschied zwischen Euer Gnaden und mir, daß ich heute sterben werde und Ihr morgen." Thomas Morus begegnete seinen Richtern erstaunlich überlegen. War er nicht einer der besten und geschultesten Juristen Englands? Nach seinem Gewissen war die Eidfrage eine Sache, in der er seinem Fürsten keinen Gehorsam schuldig war: „Ich fühle mich nicht verpflichtet, mein Gewissen nach den Befehlen des königlichen Rates zu richten, da ihm doch die Auffassung der ganzen Christenheit entgegensteht. Für einen Bischof, der auf eurer Seite steht, habe ich Hunderte von Heiligen, die wie ich denken." Thomas Morus legte seinen Standpunkt überzeugend dar und ließ kein einziges Argument unberücksichtigt, das für ihn sprach. Was immer er auch vorbringen mochte, die Mietlinge hörten nicht auf ihn. Das Urteil stand fest, falls Thomas Morus sich nicht unterwarf und den Eid leistete. Der Hinweis auf sein Gewissen schien ihnen eine törichte Ausrede zu sein, die man ruhig übergehen konnte. Das furchtbare Urteil lautete auf Hochverrat, und auf Hochverrat stand die Todesstrafe. Der Prozeß erinnert an Sokrates vor den Richtern in Athen und ist doch wiederum verschieden. Sokrates trieb mit seinen Richtern ein ironisches Spiel, das sie im voraus ins Unrecht setzte. Dies hat Thomas Morus nicht getan, er blieb ernst und fest. Sein Mut war ebenso eindrucksvoll wie Sokrates' Todesverachtung. Thomas Morus erinnerte seine Richter nach der Verurteilung auf feine Art daran, daß bei der Steinigung des Stephanus ein Saulus die Kleider bewachte, der nachher Größtes im Gottesreich gewirkt hat, und fügte hinzu: „So habe ich die große Hoffnung und werde darum recht von Herzen beten, daß wir, obwohl ihr, meine Lords, jetzt hier auf Erden meine Richter seid und mich verurteilt, dennoch später im Himmel einander alle fröhlich begegnen werden, zu unserer ewigen Erlösung."

Bischof John Fisher von Rochester. Zeichnung mit farbigen Kreiden von Hans Holbein d. J. – Windsor Castle, Royal Library

Als er nach dem letzten Verhör durch die Straßen zurück in den Kerker geführt wurde, wartete seine Tochter Margaret auf ihn. Einer trug das Henkerbeil voran, die Schneide auf Thomas Morus gerichtet, damit jedermann in ihm den zum Tode verurteilten Mann erkennen würde. Margaret durchbrach kühn die Mauer der Soldaten, warf sich vor ihrem Vater auf die Knie und bat ihm um seinen letzten Segen. Sie umarmte ihn leidenschaftlich und küßte stürmisch den angeblichen Hochverräter. Thomas Morus versuchte, sie sanft zu beruhigen, bis die Soldaten einschritten und die beiden Menschen trennten. Am andern Tag schrieb Thomas Morus seinen letzten Brief an seine Tochter: „Morgen ist Vigil von St. Thomas und Oktav von St. Peter; ich möchte gerne an diesem Tag sterben, das würde gut passen. Ich habe Deine Liebe zu mir nie so geschätzt wie damals, als Du mich das letzte Mal küßtest. Ich freute mich so sehr, daß Du Dich nicht um die Konventionen der Welt kümmerst." In dieser bezeichnenden Äußerung leuchtet noch einmal sein tiefstes Wesen auf. Ihm hatte es der auch in der Christenheit so selten gewordene unabhängig und selbständig denkende Mensch angetan, der Mensch, der einzig seinem Herzen folgt, ohne darauf zu schauen, was die dem Zeitgeist huldigende Masse darüber denkt. Wir wünschen auch uns eine Jugend, die nicht mehr dem Trenddenken und dem Mitläufertum huldigt, sondern es wagt, wieder sie selbst zu sein, und mutig das evangeliumsgemäße Leben verwirklicht.

Wenige Tage später teilte Sir Thomas Pope ihm mit, daß er heute hingerichtet werde. Thomas Morus nahm die Nachricht derart ruhig entgegen, daß dem Überbringer die Tränen kamen. Der Verurteilte aber tröstete ihn: „Beruhigt Euch, lieber Herr Pope, und nehmet Trost an. Denn ich hoffe, daß wir uns dereinst im Himmel guten Mutes wiedersehen."

Thomas Morus wollte dem Ereignis einen festlichen Charakter verleihen und zog das gute Kleid an, in dem er in den Tower eingeliefert worden war. Der Kommandant hatte darauf spekuliert, erkannte nun aber, daß es dem Henker zufallen werde, weil es Sitte war, daß er die Kleider erhielt. Mit Bedauern sagte er dies offen dem Gefangenen, worauf Thomas Morus sein gutes Kleid wieder auszog und es dem Kommandanten einhändigte.

Nun ging der gealterte Mann, armselig gekleidet, verwahrlost, ein rotes Kruzifix in der Hand, auf den Weg zum Towerhügel, der außerhalb der Gefängnismauern liegt. Viel neugieriges Volk begehrte dem furchtbaren Schauspiel beizuwohnen. Auf dem Weg wollte ihm eine barmherzige Frau einen Becher Weines zur Stärkung reichen, aber Thomas Morus wies ihn mit den Worten zurück: „Christus trank Essig und Galle", eine Äußerung, die verrät, an wen er auf seinem Weg zum Schafott beständig dachte. Eine andere Frau sprach zeternd auf ihn ein, ihr Prozeß sei immer noch nicht erledigt, als ob er nicht schon etliche Zeit aus dem Amt ausgeschieden wäre.

Beim Blutgerüst angelangt, sah Thomas Morus die Treppe, die er mit seinen geschwächten Kräften hätte hinaufsteigen sollen. Er bat einen Zuschauer, ihm dabei behilflich zu sein, und fügte spaßig hinzu: „Hinab komme ich von selbst."

Der Anblick von Thomas Morus auf dem Schafott hat sich der Menschheit unvergeßlich eingeprägt. Eine längere Ansprache zu halten, hatte ihm der König verboten, der sich insgeheim vor dem sterbenden Thomas Morus fürchtete. Der Heilige des Gewissens sprach nur wenige Worte zu der Menge: „Ich bitte alle Umstehenden, in dieser Welt für mich zu beten, ich werde dies im Jenseits für euch tun. Ich empfehle den König eurem Gebet, um von Gott zu erwirken, daß er Heinrich VIII. gute Ratgeber schicke, und ich versichere, daß ich als des Königs treuer Diener, vor allem aber als treuer Diener Gottes sterbe."

Dann wollte der Henker nach damaliger Sitte Thomas Morus um Verzeihung bitten. Thomas Morus kam seinen Worten zuvor und dankte ihm für den größten Dienst, den er ihm heute leiste. Hierauf wollte ihm der Henker die Augen verbinden, er aber sagte: „Ich will sie selbst verhüllen." Nachdem er dies getan hatte, kniete er vor dem Holzblock nieder, der heute noch im Tower zu sehen ist, wenn man auch nicht bestimmt sagen kann, welcher von den vier noch vorhandenen Blöcken es gewesen war. Thomas Morus erhob noch einmal das Haupt und schob den im Gefängnis gewachsenen Bart mit den letzten scherzenden Worten beiseite: „Der beging doch keinerlei Hochverrat." Hernach hieb ihm der Scharfrichter mit einem Beil den Kopf ab.

Der tote Körper wurde von Thomas Morus' Tochter und Schwiegertochter in der Kapelle von St. Petrus ad vincula beigesetzt, die sich innerhalb des Towers befand, während man den Kopf auf einen Pfahl an der Londonbrücke steckte. Damit er nicht wie das Haupt von Kardinal John Fisher nach vierzehn Tagen von den Wächtern in die Themse geworfen werde, ging Margaret während der Nacht hin und trug den Kopf ihres geliebten Vaters wie eine ins Positive gewandelte Salome als kostbare Reliquie davon. Später wurde der Kopf in der St.-Dunstan-Kapelle in Canterbury ordnungsgemäß begraben.

Während der Exekution saß Heinrich VIII. in seinem Palaste und ergötzte sich mit seinem neuen Weibe am Brettspiel. Als ihm der Vollzug der Hinrichtung gemeldet wurde, warf er das Spiel durcheinander und schrie seine Gattin an: „An diesem Tod bist du schuld!", worauf er aus dem Zimmer stürzte.

Anna Boleyn blieb allein am Spieltisch zurück; man weiß nicht, was sie sich dabei dachte. Tatsächlich hatte sie, wie eine zweite Herodias, unermüdlich auf diesen Tag hingearbeitet und hat damit eine schwere Schuld auf sich geladen. Damals ahnte sie noch nicht, welch unrühmlichem Schicksal sie selbst entgegenging. Sie gebar Heinrich VIII. eine Tochter und nicht den sehnlichst erwarteten Thronfolger, was beide wie ein Gottesurteil traf. Nachdem sie einmal mit Musikanten gescherzt und über den König gelacht hatte, bezichtigte Heinrich VIII. sie des vierfachen Ehebruchs und der Blutschande mit ihrem Bruder. Heinrich VIII. ließ alle fünf Männer hinrichten und warf auch Anna in den Tower. In Wirklichkeit mußte sie den demütigenden Kummer erleben, daß sich ihr Gatte schon mit einer neuen Geliebten amüsierte, wie sie es selbst gegenüber Katharina getan hatte. Ein einziges Jahr nach Thomas Morus' Tod mußte die einst vom König heiß begehrte Anna das Schafott besteigen, obwohl sie beteuerte, dem Herrscher nie untreu gewesen zu sein. In Verkehrung der Gefühle lachte sie aus innerer Nervosität, schaute nach dem Scharfrichter aus, der plötzlich mit dem Schwert hervortrat und ihr Haupt vom Rumpfe trennte, worauf das Köpfchen in das Stroh rollte. Sie ließ ein dreijähriges Töchterchen zurück, das, vom eigenen Vater verachtet, eine Generation später das Schicksal Englands bestimmen sollte.

Heinrich VIII. verheiratete sich am Tage darauf wieder mit großem Pomp mit der schönen Johanna Seymour, die ihm endlich einen Thronfolger gebar, aber an den Folgen der Geburt starb. Von der vierten Gattin, Anna von Cleve, ließ er sich sofort wieder scheiden, und die fünfte Königin, Katrin Howard, schickte er ebenfalls wegen angeblicher Untreue aufs Schafott. Die Familie des verstorbenen Thomas Morus verfolgte der rachsüchtige Mörder, indem er ihr den Besitz wegnahm und sie dadurch in Armut stürzte. Roper und Margaret flohen nach Flandern. Der König selbst verfettete leiblich und seelisch immer mehr und mußte zuletzt wegen seiner Körperfülle in einem Schubkarren von Gemach zu Gemach gestoßen werden. „Ich werde die Prophezeiung wahr machen", sagte er, „daß ich meine Regierung so sanft antreten würde wie ein Lamm und rasender werden würde als ein Löwe!" Beim Herannahen des Todes ließ der vielfache Mörder keinen Gewissensvorwurf aufkommen, sondern meinte leichtfertig: „Obwohl ich viel Unrecht getan habe, stehe es doch in Christi Gnade, mir alle meine Sünden zu verzeihen, und wären sie auch größer, als sie es sind." Er betrachtete Christi Gnade als eine Selbstverständlichkeit, die ihm ohne weiteres zukomme, während sie doch das unbegreiflichste Wunder ist. Heinrich VIII. starb unter dem Beistand von Cranmer als ein in Selbstgerechtigkeit erstarrtes Unwesen. Mit seiner Tochter Elisabeth I. erlosch seine Dynastie, deren Schuld alles Maß überstieg und die infolgedessen jede Daseinsberechtigung eingebüßt hat.

Zu jener Zeit war Thomas Morus längst entrückt. Das Drama zwischen ihm und Heinrich VIII. war ein ungleicher Kampf zwischen Gewissen und Macht gewesen. Zwischen den beiden Polen mußte es zu einem Zusammenstoß kommen. Thomas Morus' Gewissen war für Heinrich VIII. eine bittere Anklage, ein Vorwurf, den er nicht ertrug. Äußerlich war Thomas Morus seinem gewissenlosen König unterlegen, innerlich aber hatte er über ihn gesiegt. Das Problem der Christen-Verfolgung gehört nicht nur der alten Kirche an; es ist ein immerwährendes Problem. Thomas Morus ist ein eindrucksvoller Märtyrer, dessen Attribut das Henkersbeil ist. Merkwürdig, wie verschieden die Lebensläufe der beiden Gegenspieler verliefen. Der König verstrickte sich immer mehr in seine Sexualität – was er für Anna Boleyn empfand, war eine bloße Begierde und nicht jene Liebe, die auch viele Wasser nicht zu löschen vermögen – und sank mit seinem blutrünstigen Machttrieb stets stärker ins Dämonische ab. Der breitspurig dastehende Gewaltmensch übte eine wahre Schreckensherrschaft aus, so daß sich seine Schuld von Jahr zu Jahr vergrößerte. Thomas Morus aber, der seinem Gewissen treu geblieben war, stieg höher und höher ins Geistige auf. Er ließ alle irdische Armseligkeit hinter sich, und sein Antlitz wurde stets lichtvoller. Die Atmosphäre der Heiligkeit war bei diesem Märtyrer durchaus spürbar. Bei seinem Tode strahlte er geradezu den verborgenen Glanz aus.

Nachwirkung: Weißer als Schnee

Vor mehr als hundert Jahren schrieb Bischof Ullathorne nach der Lektüre einer Biographie über den Kanzler von England: „Heute nacht habe ich tatsächlich geweint über Thomas Morus' Tod." Waren das sentimentale Tränen? Niemals. Es waren Tränen der Erschütterung darüber, daß dem guten Menschen so übel mitgespielt wird in dieser Welt. Es ist ganz unmöglich, über das Ende dieses Blutzeugen rein wissenschaftlich zu berichten. Die Tränen allein vermitteln den Zugang zu ihm; sie sind das Erkennungszeichen seines inneren Wesens. Wer sich ihrer schämt, wird sein Geheimnis nie erfassen.

Thomas Morus war ein berühmter Mann in Europa; sein gewaltsamer Tod hat dem

Ansehen des Königs im ganzen Abendland geschadet. Kaiser Karl V. sagte, er hätte lieber die beste Stadt seiner Besitzungen verloren, als einen Rat von Thomas Morus entbehrt. Die Humanisten aller Länder waren zutiefst betroffen von der Todesnachricht und setzten das Geschehen einer Verfinsterung der Welt gleich.

Es ist nicht möglich, in einem Satz zu sagen, was die Hinrichtung des großen Mannes bedeutete. Die Christenheit brauchte Zeit, bis sie sich darüber im klaren war. Erst am 29. Dezember 1886 wurde Thomas Morus zusammen mit dreiundfünfzig andern Märtyrern, die unter Heinrich VIII. und seiner Tochter Elisabeth I. ihren Glauben mit dem Leben bezeugten, seliggesprochen. Die Heiligsprechung von Thomas Morus und John Fisher erfolgte am 19. Mai 1935.

Thomas Morus schrieb aus dem Gefängnis: „Ich vermute, Mylord rechnet mich unter die Narren, und darunter rechne ich mich auch, wie mein Name auf griechisch sagt." Man hat ihn nicht vor dieser Selbstdeutung zu schützen, denn nach Paulus' Ausführungen „sind wir Narren um Christi willen", eine selten verstandene Ehrenbezeichnung. Doch gilt es, dieses christliche Narrentum noch etwas tiefer zu deuten. Nach der Meinung der Welt hätte sich Thomas Morus den Launen seines Königs anpassen müssen, und als Christ konnte er dies nicht tun. Darum verachteten ihn viele seiner anpassungssüchtigen Zeitgenossen und nannten ihn einen Toren. Zu dieser Torheit muß sich der Christ allezeit bekennen, sonst scheidet er aus der Reihe der Zeugen und Bekenner aus.

Thomas Morus besaß jene Gelassenheit, die die mittelalterlichen Mystiker stets als Voraussetzung und Folge der Gottverbundenheit betrachteten. Er war erfüllt von einer inneren Würde, war frei von aller Arroganz und aller Kriecherei und bereit, jedem Menschen das zukommen zu lassen, was ihm gebührt. Man hat ihm nachgerühmt, er „sehe die zwei Seiten aller Dinge", was einer Variation von Robert Whittintons Wort gleichkommt: „Ein Mann für alle Jahreszeiten". Er war unverändert geblieben in einer sich verändernden Welt. Thomas Morus war ein Christ, der das Leben als Geschenk und als Gefahr, als Freude und als Leid erfuhr und mit Pascal eingedenk blieb, daß man bei jeder Wahrheitsbehauptung leise daran denken müsse, daß das Gegenteil auch irgendwie wahr ist. Demnach erfaßte er die Tiefen und die Hintergründe des Lebens und begnügte sich nie mit einer einlinigen Betrachtung. Dieser humanistische Christ pflegte sich seine Taten gründlich zu überlegen. Bedeutsam ist sein zweitletztes Wort auf dem Schafott: „Ich sterbe als des Königs treuer Diener, aber zuerst als Diener Gottes." Damit hatte er die richtige Rangordnung hergestellt, eine Ordnung, die die moderne Zeit mit Füßen tritt und dadurch ins Chaos stürzt. An erster Stelle steht Gott, und erst hernach kommen Familie, Gesellschaft, Staat usw. Wird die Reihenfolge umgekehrt, geraten die Dinge außer Rand und Band. Es liegt an uns, diese Einsicht von Thomas Morus wieder aufzunehmen, denn nur in der Wiedereinsetzung der Ordnung Gottes besteht die Genesung. Dies hat nichts mit Konservatismus zu tun, so wenig wie das Gegenteil eine progressive Gesinnung verrät. Es sind zeitlose Wahrheiten, die der Mensch nicht ungestraft verletzt. Thomas Morus' Wort auf dem Schafott muß zum Losungswort von heute werden.

Auch seine Heiligkeit war ungewöhnlicher Art. Wir sehen sie nur durch den genannten Tränenschleier hindurchschimmern, weil sie in einer ganz eigenartigen Verbindung von Weltzugewandtheit und Weltlosschälung bestand. Er hat diese Spannung in einer tiefen Verborgenheit ausgehalten. Er verband das Christentum mit der Welt, nicht im Sinne eines Weltchristentums, wie das heute geschieht, da alle Strömungen bedenkenlos mitgemacht werden und man nichts mehr von der Nachfolge Christi weiß. Dies läuft auf einen Verrat am Evangelium hinaus. Thomas Morus' Heiligkeit ist im streng paulinischen Sinne zu verstehen: die Welt zu besitzen, als besäße man sie nicht.

Viele anerkennende Worte wurden über Thomas Morus gesprochen. Schon Pius' XI. Würdigung bei der Heiligsprechung verdient festgehalten zu werden: „Ein Mensch aller Stunden und Umstände, wohlerwogen und abgerundet". Der Papst war sichtlich beeindruckt von ihm. Tatsächlich hat Thomas Morus stets beide Seiten gesehen, wo andere nur die eine erkannten. Erasmus schrieb wohl das Schönste über seinen Freund, als er die Todesnachricht empfing: „Thomas Morus, Lordkanzler von England, dessen Seele reiner war als der reinste Schnee, dessen Genius so groß war, wie England nie einen hatte – ja nie wieder haben wird, obgleich England eine Mutter großer Geister ist." Das war ohne Übertreibung gesagt, bekannte er doch nach sechsunddreißigjähriger Freundschaft: „Mit seinem Tod fühle ich mich selbst ausgelöscht." Wahrscheinlich bezweifeln Skeptiker die Bemerkung „reiner als Schnee" und wollen auch da untersuchen, ob sie ein Haar in der Suppe finden. Aber Thomas Morus besteht die Probe. Wer diesen Mann zum unsichtbaren Begleiter seines Lebens wählt, hat eine gute Wahl getroffen. Dieser vorbildliche Mensch mit seiner reinen Seele lehrt den Christen, allezeit der Stimme des Gewissens zu gehorchen und sich durch nichts daran irremachen zu lassen. Thomas Morus gehört zu den ganz großen Christen des Abendlandes, nur zu vergleichen mit Pascal, Newman, Kierkegaard, mit denen man verbunden bleiben muß, weil sie uns helfen, im Wirrwarr der Welt einen festen Standort einzunehmen.

Uns bedrängt die Frage: Was bedeutet uns Thomas Morus heute? Ist es zufällig, daß auch in Deutschland so viele Kirchen nach seinem Namen benannt worden sind? In einer Zeit des rapiden Gewissensschwundes leuchtet er als der Heilige des Gewissens um so heller, besaß er doch das, was uns fehlt. Die Frage „Thomas Morus heute" ist nicht aus der Luft gegriffen. Anna Boleyn brach beim Anblick von Holbeins Gemälde in den erschrockenen Ausruf aus: „O weh, es ist mir doch, als ob der Mensch auf dieser Tafel noch lebte!" Nicht nur das belastete Gewissen dieser Frau ließ sie beim Anblick des Gemäldes zusammenfahren, ihre Äußerung enthält auch eine endgültige Wahrheit. Wir spüren und fühlen es: Thomas Morus lebt, er lebt unsichtbar unter uns, wir können ihn fragen, und er antwortet uns, ja er führt uns dem ewigen Leben entgegen. Der heilige Thomas Morus ist in unserer Gegenwart wichtiger, als er es damals war, und wahrscheinlich wird er in naher Zukunft noch bedeutsamer werden, wenn die harten Kämpfe auf die Christenheit zukommen. Diese Auseinandersetzungen werden wir nur bestehen, wenn wir uns ganz neu auf die unsichtbaren Mitstreiter besinnen, die uns wie Thomas Morus ganz konkret lehren, das Leben für Gott in die Schanze zu schlagen.

Thomas Morus
und seine Welt

Die folgenden Texte sind zusammengestellt aus der Thomas-Biographie von Thomas Stapleton, die erstmals 1588 in lateinischer Sprache erschien, sowie aus Briefen von Thomas Morus und seinen Freunden.

Der junge Gelehrte – Zwischen Pflicht und Neigung

Die Schlacht bei Bosworth 1485 setzte den Schlußpunkt hinter die Kämpfe der rivalisierenden Fürstenhäuser von York und Lancaster, die nach den Wappenzeichen: weiße Rose für York, rote Rose für Lancaster als Rosenkriege (1455–1485) in die Geschichte eingingen. Mit Heinrich VII. aus dem mit Lancaster verwandten Hause Tudor gewann die Rote Rose 1485 die englische Königskrone, die bis 1603 von Tudorkönigen getragen wurde.

1 *Tudorrose am Gitter von Schloß Hampton Court*
2 *Festungsturm (14. Jh.) von Schloß Windsor*
3 *Heinrich VII. von England (1485–1509), der durch seine Heirat mit Elisabeth von York, der ältesten Tochter König Edwards IV., die rivalisierenden Häuser der Rosenkriege vereinigte*

Thomas More wurde am 6. oder 7. Februar 1478 in London als Sohn von Sir John More geboren. Er schrieb seinem Vater folgende Grabinschrift: „John More, Ritter und Richter am königlichen Gerichtshof, war von untadeligem Charakter, vornehm, freundlich, barmherzig und trotz seines hohen Alters von guter Gesundheit. Nachdem er noch erlebt hatte, daß sein Sohn Lordkanzler von England geworden war, dachte er, lange genug auf dieser Erde gelebt zu haben, und verließ sie freudig, um in den Himmel einzugehen."

4 *Blick über London mit der Themse und der Tower Bridge*

Sobald Thomas More alt genug war, wurde er, um Latein zu lernen, in eine Londoner Schule (St. Anthony's School) geschickt, die unter dem Patronat des Königs stand ... Schon bald erwies er sich als ein Knabe von bemerkenswerter Veranlagung.
Es erwies sich als besonders glücklich für die Ausbildung des jungen Thomas More, daß Kardinal Morton, Erzbischof von Canterbury, Primas der Kirche von England und hervorragend an Tugend und Wissensdrang, erstaunt über die Talente des Knaben und seine raschen Lernfortschritte, diesen in sein Haus aufnahm (etwa 1490). Nachdem er ihn einige Zeit (etwa 2 Jahre) in seinem Haushalt hatte leben lassen, schickte der Kardinal den jungen Thomas zum Studium nach Oxford, wo er ihn weiterhin unterstützte.

5 *Morton House in Hatfield, Hertfordshire, der Landsitz des Kardinals*
6 *Eiche im Park von Morton House*
7 *Morton's Tower, der Eingang zum Lambeth Palace, der Residenz der Erzbischöfe von Canterbury*

Über seine Studien und die strenge Erziehung durch seinen Vater sagte Thomas More später: „So kam es, daß ich mich keinerlei Laster oder Hoffart hingab, daß ich meine Zeit nicht mit gefährlichen oder wertlosen Unterhaltungen vergeudete, daß ich Extravaganz und Luxus nicht einmal kennenlernte, daß ich niemals lernte, Geld für schlechte Dinge auszugeben, so daß ich weder Neigung noch Gedanken für irgend etwas außer meinen Studien hatte."

8 *Hof des Christ Church College in Oxford*

Anno 1505 29 octobre imago henrici vii francorum regie illustrissimi
ordinata p herманum rinck ad regie ... vivarium ·

Mores hervorragender Verstand, seine schriftstellerischen Arbeiten und seine und seiner Familie Stellung machten es unmöglich, daß sein Licht nur im verborgenen leuchtete. Sobald er zum Manne herangewachsen war, begann er deshalb seine öffentliche Laufbahn. Als besonderer Experte des öffentlichen Rechts wurde er zum Gericht zugelassen und begann als Anwalt zu praktizieren. Dabei betrog er niemals seine Klienten, sondern vertrat ihre Interessen vielfach mehr als seine eigenen.

9 *Thomas More*
10 *Der Gartenpark von Lincoln's Inn, einer der großen Londoner Rechtsschulen und Sitz vieler Anwaltskanzleien*

Thomas trug seit seiner Jugend ein rauhes Untergewand, er schlief auf dem Fußboden oder auf einer Holzbank mit einem Holzstück als Kopfkissen. Meist schlief er nur vier oder fünf Stunden und verbrachte die restliche Zeit der Nacht mit Wachen und Fasten. Doch obwohl er sich so kasteite, verbarg er diese strenge Lebensform so, daß nichts davon bemerkt werden konnte. Bei sich selbst und in Gesprächen mit einem Freund überlegte er die Frage, ob er Geistlicher werden sollte. Er sehnte sich brennend nach dem geistlichen Stand.
Sein Schwiegersohn Roper berichtet, daß sich Thomas More etwa vier Jahre lang zu Gottesdienst und Gebet ins Kartäuserkloster von London begab.
Aus verschiedenen Gründen ließ Thomas jedoch diese Absicht, Geistlicher zu werden, fallen. Vielleicht auch, weil Gott, zu seinem höheren Ruhm, ihn lieber als Laien wirken sah, der die Ehren und Schwierigkeiten eines öffentlichen Lebens erfahren sollte, damit Gott ihn zur höchsten Heiligkeit führen konnte.

11 *Gang in Charterhouse, dem ehemaligen Kartäuserkloster, in London*

Der Richter und Familienvater – In des Königs Gunst

Thomas begann als junger Mann sein Rechtsstudium, teils um seinem Vater einen Gefallen zu tun, der dies so sehr wünschte, daß er seinem Sohn jede Hilfe für ein Studium des Griechischen und der Philosophie verweigert hatte, teils auch, nachdem er beschlossen hatte zu heiraten, weil diese Laufbahn ihm die Möglichkeit bot, seinem Land am besten zu dienen. Er machte beim Studium solche Fortschritte, daß er zweimal während der Gerichtsferien Vorlesungen zu halten hatte, eine Ehre, die normalerweise nur Richtern von großer Erfahrung und nur den besten unter ihnen übertragen wurde.

12 *Fachwerkhäuser von Staple Inn in London*

Nach solch hervorragendem Start seiner Juristenlaufbahn wurde er im Alter von 28 Jahren vom Volk von London zum Unter-Sheriff der Hauptstadt gewählt. Die Stadt hatte drei jährlich wechselnde Vorsteher, den Bürgermeister und zwei Sheriffs. Doch waren alle diese Amtsinhaber durchweg ohne juristische Kenntnisse, weshalb ein ständiger Magistrat eingerichtet wurde, um die Sheriffs juristisch zu beraten und um als Rechtsbeistände für die Stadt zu wirken. Eine Position von solcher Autorität und Ehre verlangte einen unbestechlichen, vertrauenswürdigen und weisen Mann. Denn er hatte in allen zivilrechtlichen Fragen zu entscheiden und darauf zu achten, daß die Vorrechte der Stadt unangetastet blieben.

13   Wappen der Mercer's Company
14   Die große Halle der Guildhall, des Rathauses von London

„Heinrich VIII., der unbesiegbare König von England, ein Herrscher, der mit allen Tugenden eines großen Monarchen ausgezeichnet ist, hatte wichtige Handelsprobleme mit seiner Hoheit, dem Prinzen Karl von Kastilien (der spätere Kaiser Karl V.), zu verhandeln und schickte mich nach Flandern, um diese Fragen zu besprechen. Nachdem wir in verschiedenen Zusammenkünften keine volle Übereinstimmung bei unseren Verhandlungen erreichen konnten, verließen die Unterhändler des Prinzen Brüssel, um neue Anweisungen einzuholen. Während dieser Zeit eilte ich nach Antwerpen, wo ich Geschäfte hatte. Während ich hier weilte, war Peter Gilles mein bester Freund" (Vorrede zur „Utopia", die zum Teil während dieser Reise entstand).
Thomas vollendete seine Utopia nach einer Mitteilung von Henry Peacham auf dem Landsitz seines Vaters in Gobbion, North Mimms: „Sir Thomas More schrieb seine ‚Utopia' in seinem Heimatkirchspiel, wo er Grundbesitz hatte." Auch Erasmus von Rotterdam, der mit Thomas einen regen freundschaftlichen und wissenschaftlichen Briefwechsel führte, war mehrfach hier und im Haus in Chelsea Gast von Thomas More. Ein Beweis für die Freundschaft zwischen Thomas, Erasmus und Peter Gilles, den beiden Männern, die besonderes Verdienst um die „Utopia" hatten, findet sich 1517 in einem Brief des Erasmus: „Peter Gilles und ich sind in einem Doppelbild gemalt worden, das wir Euch schon lange als Geschenk senden wollten. Jetzt schicke ich Euch die Bilder, damit wir in gewisser Weise bei Euch sind; Peter und ich bezahlten jeder die Hälfte des Preises, nicht, weil nicht jeder von uns hätte alles bezahlen können, sondern weil es ein wirkliches Geschenk von uns beiden sein soll."

15   Thomas More
16   Englische Weidelandschaft in Hertfordshire
17   Peter Gilles
18   Erasmus von Rotterdam

König Heinrich VIII., der die Weisheit von Thomas, seine Unbestechlichkeit und seinen Eifer schätzen gelernt hatte aus Anlaß der zwei Gesandtschaften, an denen Thomas teilgenommen hatte – eine nach Frankreich, die andere nach Flandern –, berief ihn von seinen städtischen Ämtern ab und machte ihn zum Mitglied seines persönlichen Beraterstabs. Während dieser Zeit sagte Königin Katharina, die erste Gemahlin des Königs und eine Dame von hoher Klugheit und Frömmigkeit, des öfteren zum König, daß von allen seinen Räten allein Thomas More dieser Stellung und dieses Namens würdig sei.

19   König Heinrich VIII.
20   Katharina von Aragon, Königin von England

Über Thomas Mores Familienleben berichtet Erasmus von Rotterdam in einem Brief an Ulrich von Hutten: „Thomas nahm ein sehr junges Mädchen zur Frau (Jane Colt ∞ 1504), die er auch in Literatur und verschiedenen Arten zu musizieren ausbildete. Sie starb, nachdem sie ihm vier Kinder geboren hatte. Wenig später heiratete er eine Witwe (Alice Middleton ∞ 1511), mehr aus Fürsorge für seine Kinder als zu seinem eigenen Vergnügen. Sie ist schon älter und nicht besonders anziehend, jedoch eine eifrige und gute Hausfrau..."

The Armes of the Worshipfull
Companey of the Mercers:

Hen: George Richmond

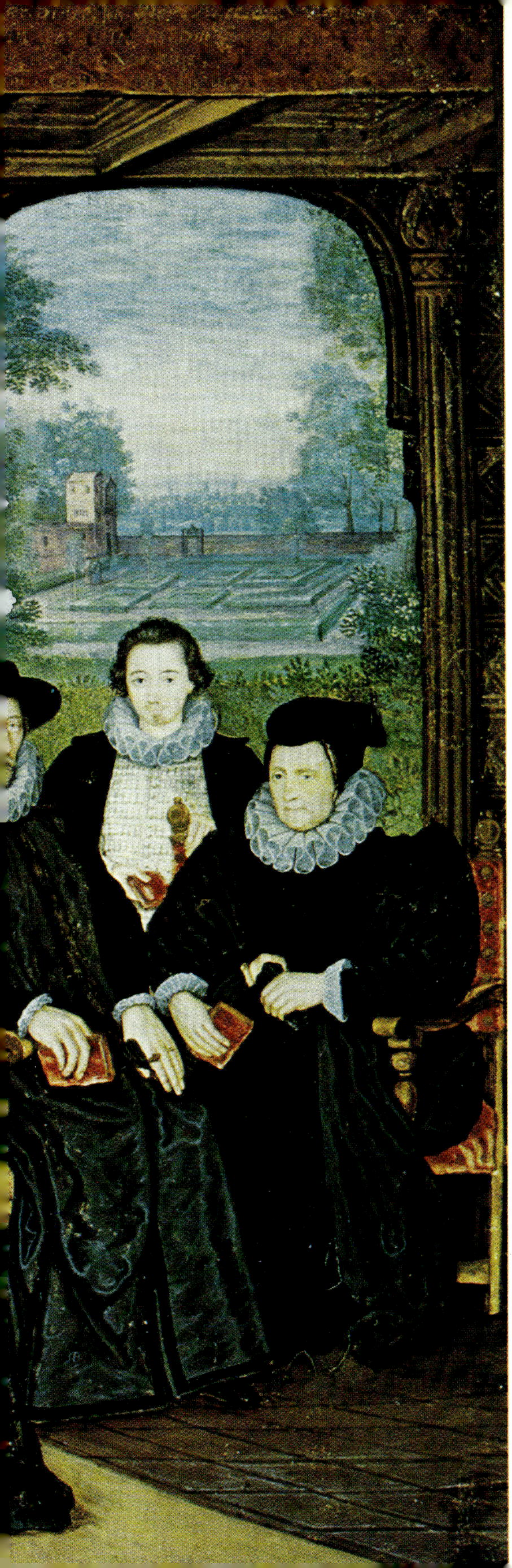

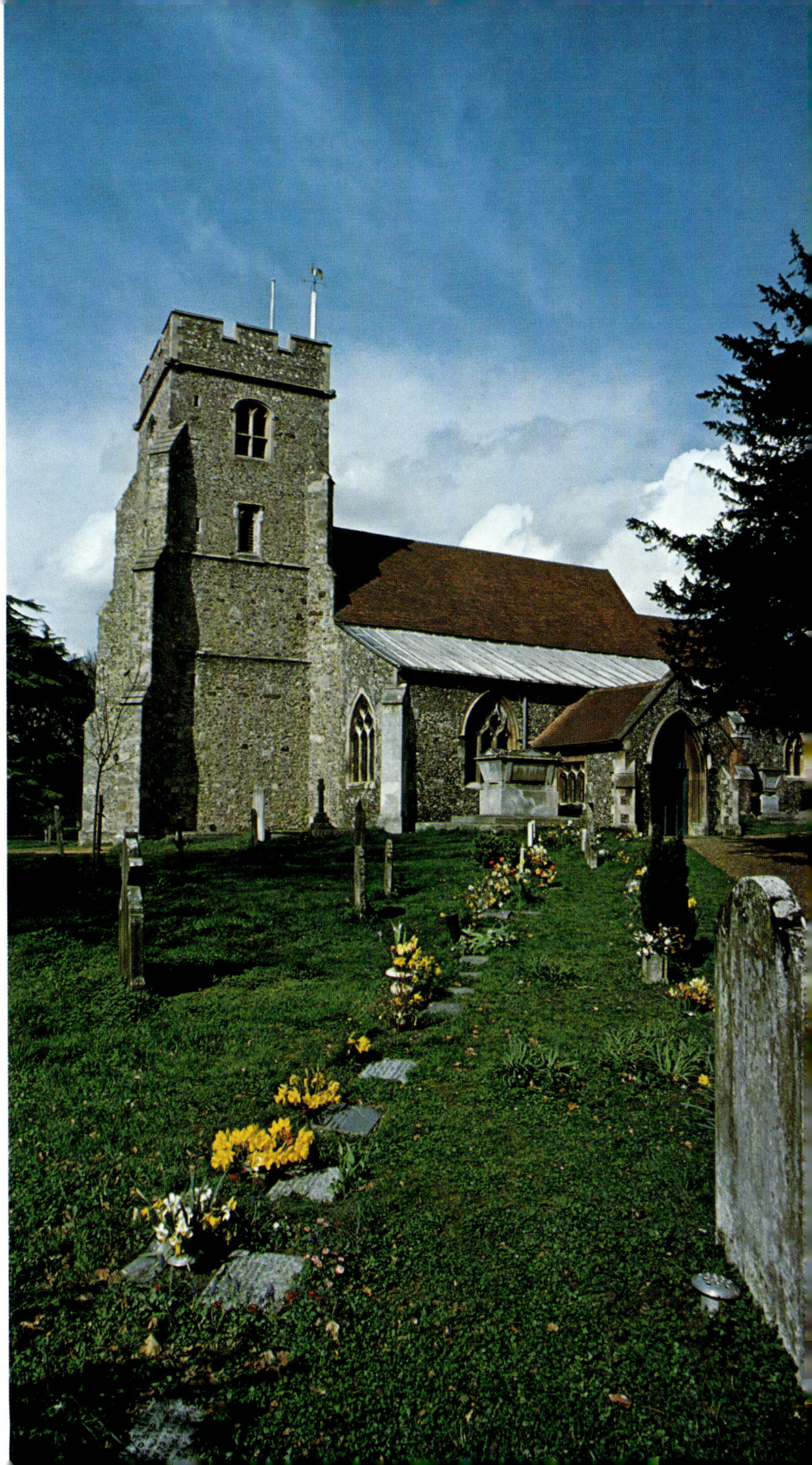

...quantum in nobis est Huiusmodi co...
...xum de Gottenodo Haro Montanus et Ma...

...issima eius consort Regina cum sue comitatibus ibunt in districtium et dominium dicti serenissimi Romanorum et hi...
et hispanorum Rex ac illustrissima domina Margareta amita sua cum suo comitatibus venient in districtium et hi...
...et aut manserint respective personaliter dabitur Conventus concordatum et conclusum est die vndecima Aprilis supradicto inter n...
...nocte sine interdiu libere socio possint Conuentiu conuentu diligenter obseruandas Qui quidem nobiles cum suo comitina speculatores et exploratore...
...madiam Lethesiam et Anglium explorando reperierint arcendos et ammonendos si...
...lationem molestiam inquietudinis inferre et secure accedere et recedere valeant Teneantur dicti exploratores singulis diebus n...
...predict quod omnes armati seu gentes armorum huiusmodi ex parte vtriusque Principis Excepti molestibus pro presidio...
...istantes et arbot et nec ipsi nec aliqui alij Durante ducorum Regum conuentu proprius accedere quomodo presumant.
...rum Reges confirmabuntur omni zelique articulis presentis tractatus

...us Paceus 2/

Thomas More

1507

NAL

Später schreibt Erasmus an More's Tochter Margaret: „Ich kann nicht genug Worte finden, um die Freude zu beschreiben, die ich fühlte, als mir der Maler Holbein das Bild von Eurer ganzen Familie gab, das so lebendig gemalt ist, daß ich Euch besser erkennen kann, als wenn ich bei Euch allen wäre. Ich erkenne alle, am besten Euch selbst, und ich kann Euch allen nur zu einer so glücklichen Familie beglückwünschen, am meisten natürlich Euren hervorragenden Vater."

21   Die Familie Thomas Mores
22   Die Kirche St. Mary von North Mimms, wo der Landsitz der Familie More lag

In einem anderen Brief berichtet Erasmus: „More hat für sich am Ufer der Themse (in Chelsea), nicht weit von London, ein Haus gebaut, würdig und seinem Rang entsprechend, doch nicht so großartig, daß es Neid erwecken könnte. Hier lebt er glücklich mit seiner Familie, seiner Frau, seinem Sohn und der Schwiegertochter, drei Töchtern mit ihren Ehemännern und schon 11 Enkelkindern. Es ist schwer, einen weniger auf seine Kinder stolzen Mann zu finden als ihn."
Mores Schwiegersohn William Roper berichtet: „Wegen des Vergnügens, das er in seiner Gegenwart empfand, pflegte König Heinrich zuweilen plötzlich in Mores Haus in Chelsea zu kommen, um mit ihm glücklich zu sein. Ein anderes Mal kam der König, wiederum unangemeldet, um mit More zu speisen. Nach dem Essen ging der König mit ihm über eine Stunde lang in dem weitläufigen Garten spazieren, wobei er seinen Arm um Mores Schulter gelegt hatte."

23   Haus aus der Zeit Thomas Mores in Chelsea
24   Die Themse bei Chelsea

In seiner Pfarrkirche zu Chelsea baute Thomas More eine Kapelle, die er reich mit allem ausstattete, was zum Gottesdienst nötig war. Er war von Natur aus freigebig und stiftete manches goldene und silberne Gerät für seine Kirche.
Auf die Marmorplatte des Epitaphs, wo Thomas begraben werden wollte, ließ er schreiben: „Hier ruht Jane, die geliebte, kleine Frau von Thomas More, die dieses Grab für Alice und mich besetzt hält. Meine erste Frau, vereint mit mir in meinen jungen Jahren, schenkte mir einen Sohn und drei Töchter, die mich Vater nennen. Meine zweite Frau, eine Ausnahme von Stiefmutter, war zu den Kindern, als seien es ihre eigenen. Es ist schwer zu sagen, ob die erste mit mir mehr geliebt lebte als die zweite jetzt. Wie glücklich wäre ich, wenn Schicksal und Brauch uns erlauben würden, zu dritt zusammenzuleben. Ich bete, daß dieses Grab und der Himmel uns vereinen mögen. So möge der Tod uns geben, was das Leben nicht geben konnte."

25   Mores Kapelle mit Epitaph in der Old Church von Chelsea
26   Thomas Mores persönliches Siegel

Als Thomas More (1521) in Brüssel eine Gesandtschaft zu Kaiser Karl V. begleitete, ergab es sich, daß ein Prahlhans am kaiserlichen Hof einen Aufruf mit einer Herausforderung an alle und jeden an die Wand heftete. Darin brüstete er sich, jede Frage beantworten und über jedes Thema aus dem Recht oder der Literatur ein Streitgespräch führen zu können. Da Thomas die Eitelkeit des Mannes erkannte, wählte er folgende Frage aus dem englischen Recht: „An averia capta in withernamia sunt irreplegiabilia?" (Sinngemäß übersetzt lautet die Frage: „Muß man für gestohlene Kühe, die man zurückbekommen hat, bis zum Vorliegen eines Gerichtsentscheids eine Kaution hinterlegen?" Neben der Spitzfindigkeit dieser Frage lag für Thomas der besondere Witz wohl auch in dem Wort „withernam", das für den Herausforderer die versteckte Aufforderung zur „Zurücknahme" enthielt.)

Der Prahlhans konnte auf diese Frage natürlich keine Antwort geben, weil er die Begriffe nicht verstand, und war somit gezwungen, seine Eitelkeit als Grund für seine Herausforderung zuzugeben, was ihm das Hohngelächter des ganzen kaiserlichen Hofes eintrug.

27 *Die Hallen von Brügge mit dem Belfried*
28 *Urkunde eines Vertrags mit Karl V. mit der Unterschrift Thomas Mores*

Auf Betreiben des Lordkanzlers Kardinal Wolsey wurde Thomas More 1523 zum Sprecher des Unterhauses gewählt. In dieser Eigenschaft wehrte er durch seine Beredsamkeit, seine Klugheit und Überzeugungskraft den übermäßig hohen Besteuerungsantrag ab, den der Kardinal, der allmächtige Mann neben dem König, gestellt hatte. Als More bei anderer Gelegenheit wieder einmal dem Machtstreben des Kardinals entgegentrat, fuhr Wolsey ihn wütend an: „Schämt Ihr Euch nicht, Meister More, als geringster von allen an Würde, eine andere Meinung zu haben als diese edlen und klugen Männer? Ihr stellt Euch damit selbst als ein dummer und närrischer Ratgeber hin!" More entgegnete blitzschnell: „Gott sei Dank, daß seine königliche Majestät wenigstens einen Narren in seinem Rat hat."

29 *Kardinal Wolsey*

Staatspolitiker im Zeitalter der Reformation – Der Kanzler des Königs

Selbst Kardinal Wolsey, obwohl er Thomas More nie besonders geschätzt, sondern ihn mehr gefürchtet als geliebt hatte, stellte, als er eingesehen hatte, daß er nicht länger auf eine Wiederherstellung seiner früheren Stellung hoffen konnte, nachdrücklich fest, daß niemand in ganz England so geeignet für diese Ehre (des Lordkanzlers) sei als Thomas More.

30 *Der Portalbau von Hampton Court, dem Schloß Kardinal Wolseys*

Im Juni 1520 begleitete Thomas More König Heinrich VIII. nach Frankreich, wo der König und König Franz I. von Frankreich sich bei Arras auf dem „Feld der goldenen Tücher" trafen.

31 *Der Zug König Heinrichs VIII. zum Treffen mit Franz I.*
32 *König Franz I. von Frankreich*

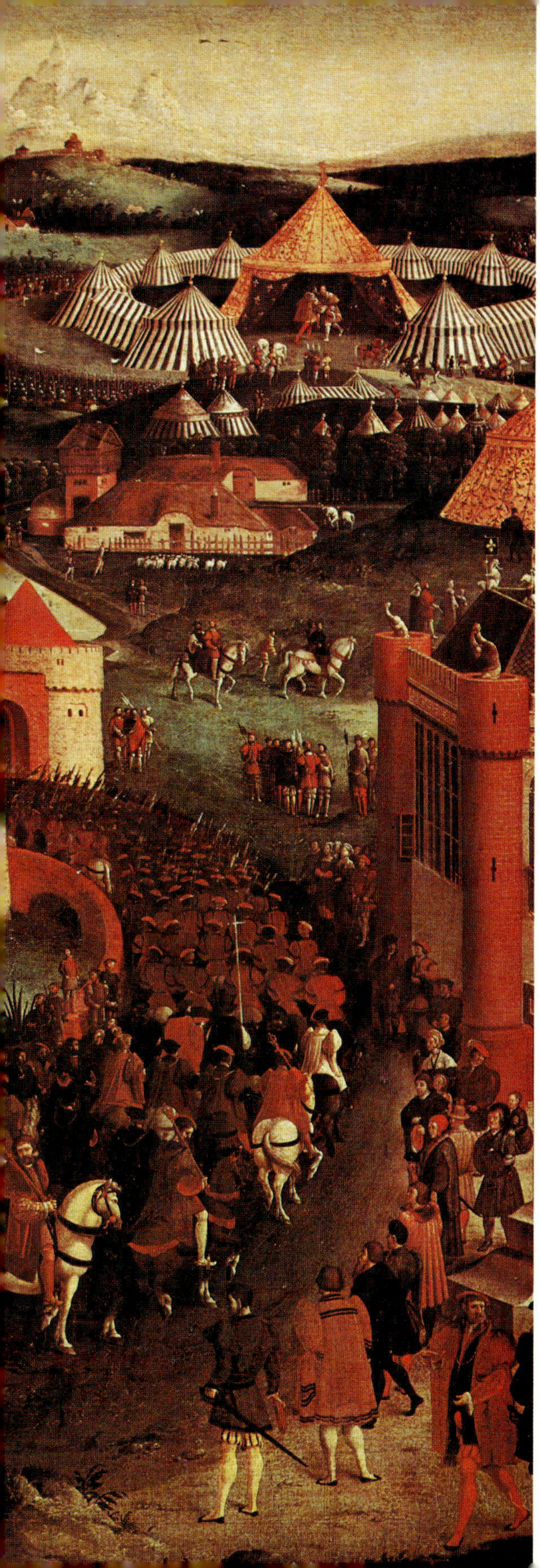

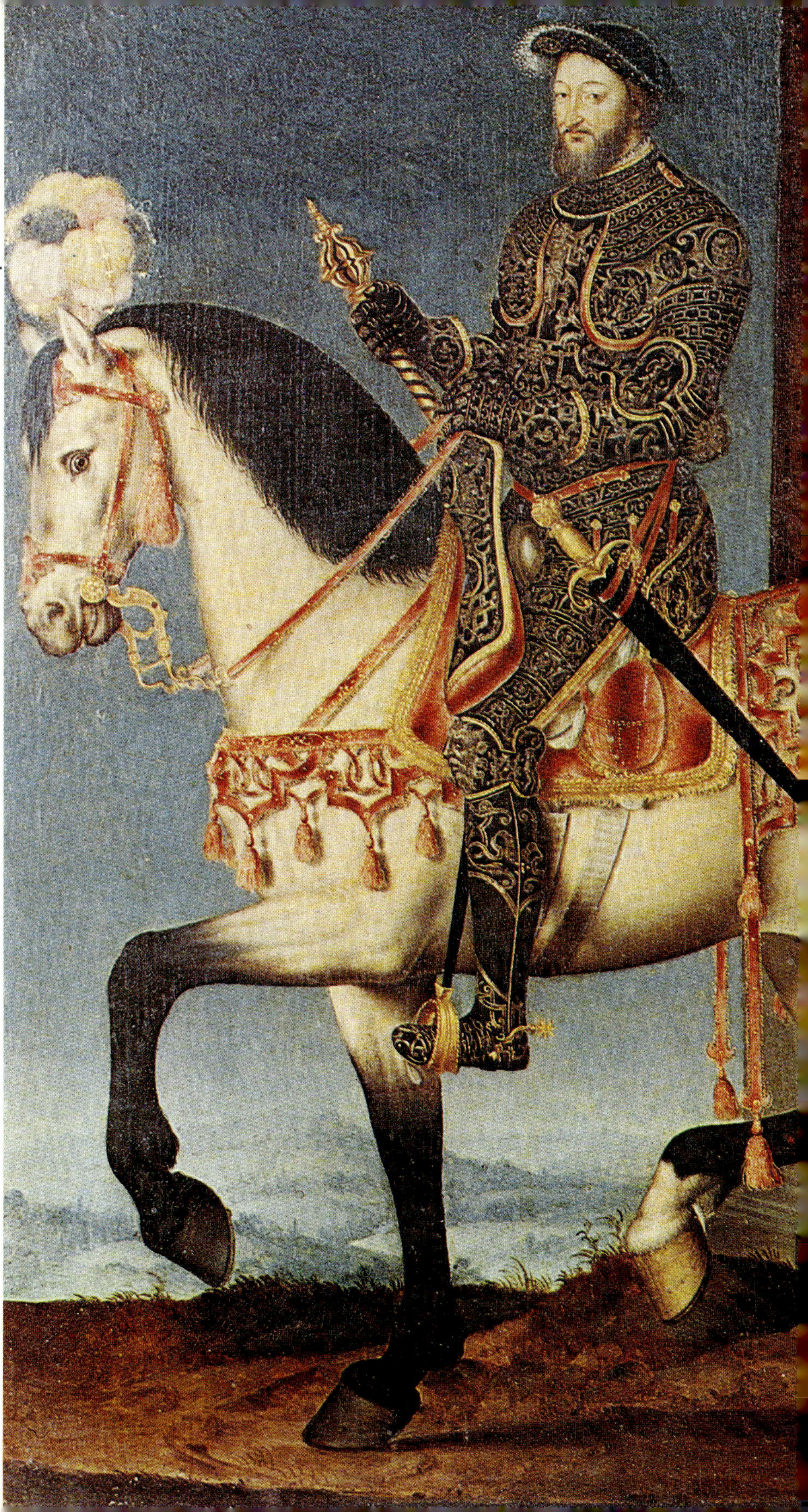

1533

Ende 1520 veröffentlichte Martin Luther, der schon 1517 mit dem Anschlag seiner Thesen in Wittenberg den Kampf gegen die römische Kirche begonnen hatte, die hochbrisante Streitschrift „Über die babylonische Gefangenschaft der Kirche", die zusammen mit einer zweiten Schrift „Über die Freiheit des Christenmenschen" im Januar 1521 Kardinal Wolsey und dem englischen Hof zugeschickt wurde.

Heinrich VIII. hatte sich schon seit 1518 mit Luthers neuen Lehren beschäftigt. Jetzt vollendete er rasch seine „Verteidigung der sieben Sakramente" als Entgegnung auf Luthers Schriften und unterrichtete schon am 21. Mai 1521 Papst Leo X. über diesen „Zeitvertreib meines Geistes". Anfang Oktober 1521 wurde dem Papst ein Exemplar der „Assertio Septem Sacramentorum" übergeben, der daraufhin Heinrich VIII. am 11. Oktober den Titel „Defensor Fidei – Verteidiger des Glaubens" verlieh.

33 *Martin Luther*
34 *Papst Leo X.*
35 *Heinrich VIII.*
36 *Eine „Goldene Rose", wie sie vom Papst verdienten Persönlichkeiten zugesandt wurde*

Als Thomas More auf Betreiben der königlichen Berater Heinrich VIII. andeutete, seine Schrift könne so ausgelegt werden, als räume der König dem Papst zu viel Macht ein, antwortete Heinrich: „Nein, das tut die Schrift nicht. Wir sind dem päpstlichen Stuhl in Rom so verpflichtet, daß wir ihm nicht zuviel Ehre geben können."

Die Neigung des Königs zu Thomas More, seine Hochschätzung von Thomas' Weisheit, Unbestechlichkeit und Treue waren so, daß er, im Gegensatz zu vielen hochgestellten Persönlichkeiten, die ihn beraten hatten, Thomas schließlich zum Lordkanzler des Königreiches erwählte.

Die Freude des ganzen Königreiches, als Thomas dieses hohe Amt übernahm, war beispiellos.

Thomas achtete wenig auf seine Kleidung. Natürlich trug er Seide und kostbare Gewänder, wenn sein Amt es erforderte. Aber oft war sein Körper unter dem Staatsgewand des Kanzlers mit einem Hemd aus Ziegenhaar bekleidet. Am Tag vor seinem Tod, oder besser seinem Martyrium, übersandte er seiner Tochter Margaret dieses Büßerhemd.

37 *Thomas More als Kanzler*

Der Gefangene des Königs – Märtyrer aus Gewissensgründen

Als gegen das Jahr 1528 zum ersten Mal die unglückliche Frage aufgeworfen wurde, ob Heinrichs VIII. Ehe mit Katharina, der Witwe seines Bruders Arthur, gültig sei, war Thomas zwar Mitglied des königlichen Rates, doch wurde er nicht aufgefordert, an den Beratungen teilzunehmen.

Während der ganzen Zeit, in der More Lordkanzler war, blieb diese Scheidungsangelegenheit unentschieden. Als der König jedoch weiterhin seinem Wunsch oder besser seiner Gier folgen und diese, koste es, was es wolle, befriedigt sehen wollte, da machte More, der nur zu gut das Unheil voraussah, das folgen würde, Gebrauch von des Königs früher gegebener Erlaubnis. Und er trat von der Würde und Bürde des Kanzleramtes zurück, nachdem er dieses Amt mit größter Sauberkeit über einen Zeitraum von zweieinhalb Jahren bekleidet hatte. Am 26. Oktober 1529 war Thomas berufen worden, am 15. Mai 1532 trat er zurück.

38   Der Tower von London

Die Heirat Heinrichs VIII. mit Anne Boleyn fand 1533, nach Thomas Mores Rücktritt, statt, als dieser als Privatmann lebte; denn in seiner offiziellen Stellung würde Thomas sie niemals gebilligt haben. Eines Tages berichtete ihm ein Freund, daß Anne am Hof ein Leben voll ununterbrochener Vergnügungen führe, mit Tänzen bei Tag und bei Nacht, und daß nichts ausschweifender sein könne als dieses Leben. More entgegnete ihm: „Diese Tänze der Anne Boleyn ziehen eine andere, sehr unterschiedliche Art von Spielen nach. Ihre Tänze spielen mit unseren Köpfen wie mit Bällen, doch das gleiche Spiel wird auch mit ihrem eigenen Kopf gespielt werden."

39   Heinrich VIII.
40   Anne Boleyn

Einige Monate nach Thomas Mores Rücktritt wurde Thomas Cranmer Erzbischof von Canterbury. Er war der Kaplan Anne Boleyns und ein Mann nach dem Herzen des Königs, bereit, dessen Gunst um jeden Preis zu erwerben. Nachdem der König entschieden hatte, die Autorität des päpstlichen Stuhls zu mißachten, war es dieser Cranmer, der als Primas von England die Scheidung, die der König so brennend gewünscht hatte, aussprach. Diese Entscheidung sollte mit viel unschuldigem Blut befleckt werden und gab den Anstoß zu der unseligen Kirchenspaltung.

Heinrich heiratete Anne Boleyn heimlich im Oktober 1532. Am 12. April 1533 wurde Anne durch königlichen Erlaß zur Königin proklamiert, und am 5. Juli des gleichen Jahres wurde, ebenfalls durch Königserlaß, Königin Katharina zur Witwe des Prinzen Arthur erklärt. Am 11. Juli 1533 exkommunizierte Papst Clemens VII. König Heinrich und erklärte seine Heirat mit Anne Boleyn für ungültig. Am 23. März 1534 entschied der Papst in der Frage der Ehe zwischen Heinrich und Katharina und erklärte diese für gültig.

Im April 1534, als Annes Tochter Elisabeth 8 Monate alt war, verlangte König Heinrich, daß alle Annes Tochter als dem einzigen legitimen Nachkommen des Königs und Erben des Reiches den Huldigungseid schwören und zugleich der päpstlichen Autorität in England abschwören sollten.

Nachdem Thomas More sich geweigert hatte, diesen Doppeleid zu leisten, wurde er als Gefangener in den Tower von London geworfen, und all sein Besitz wurde eingezogen.

ANNO · ÆTATIS · · SVÆ · XLIX ·

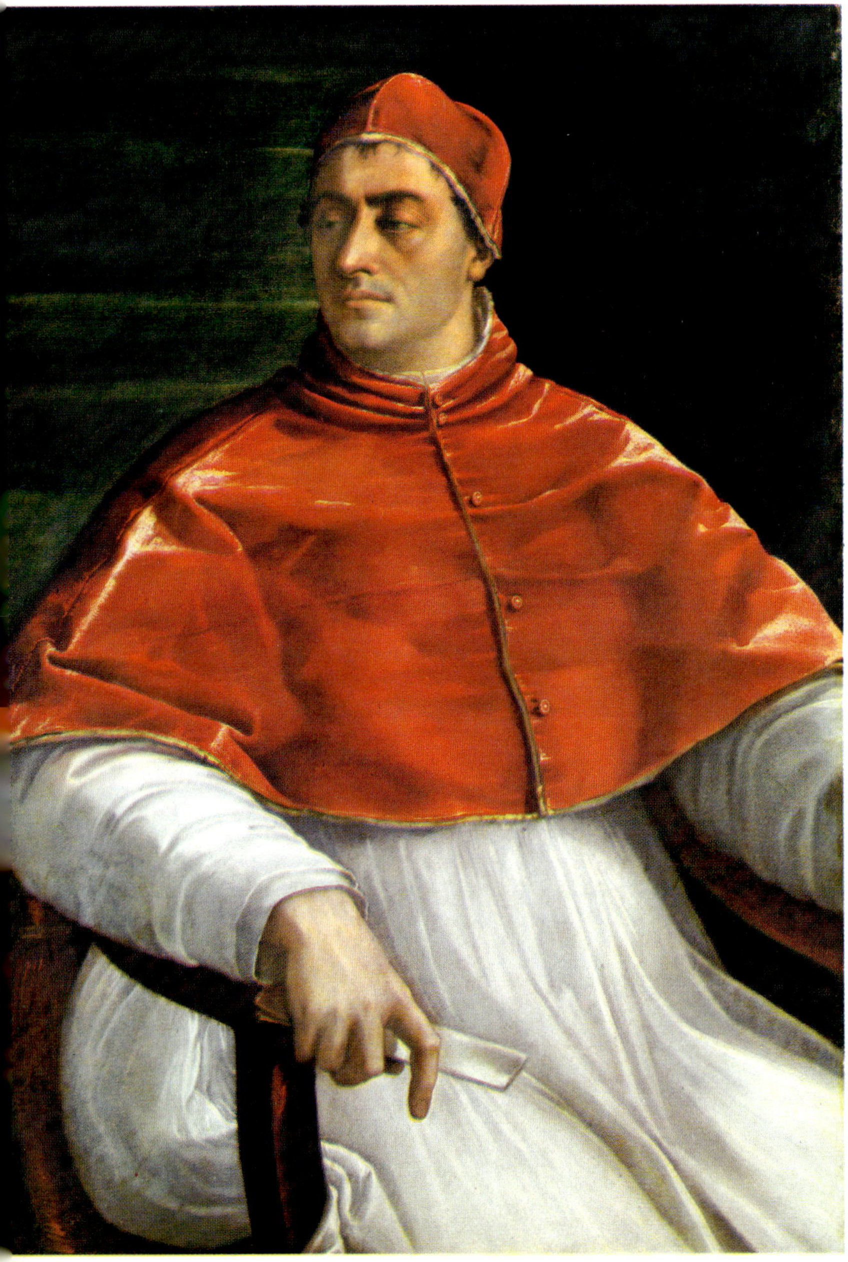
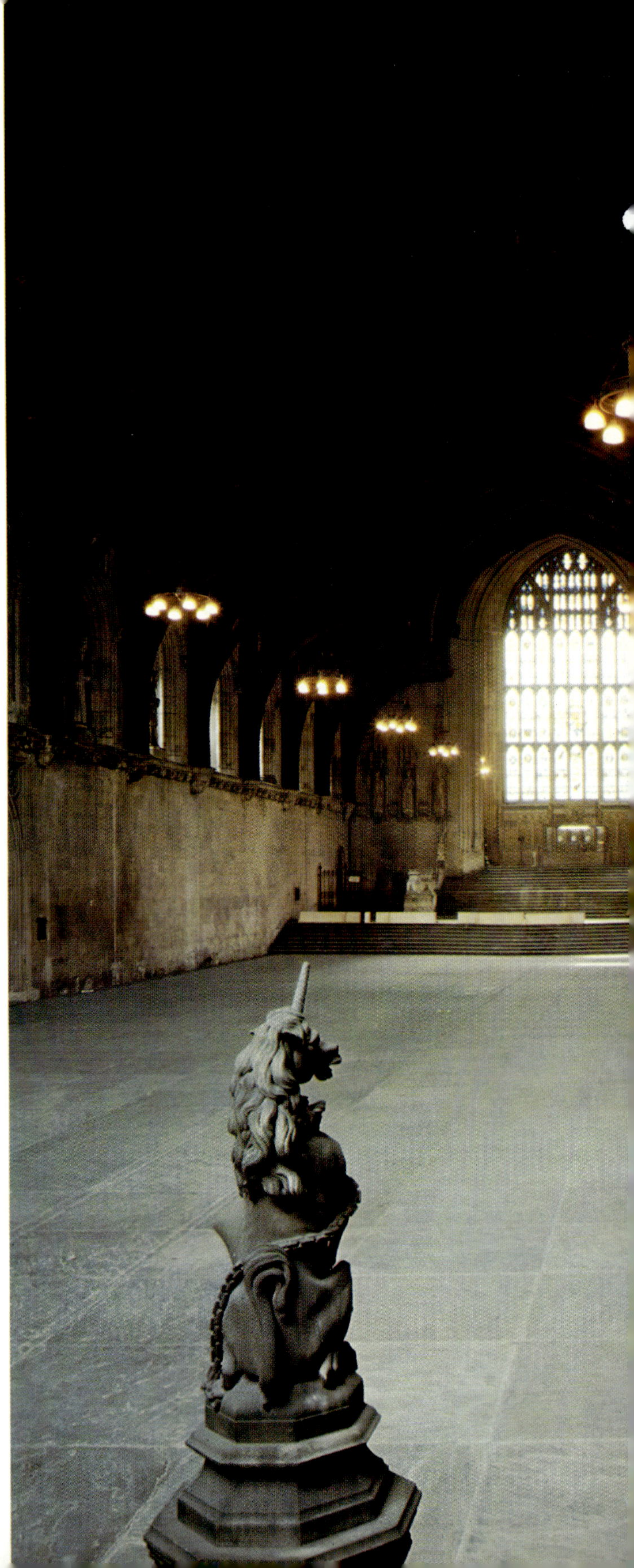

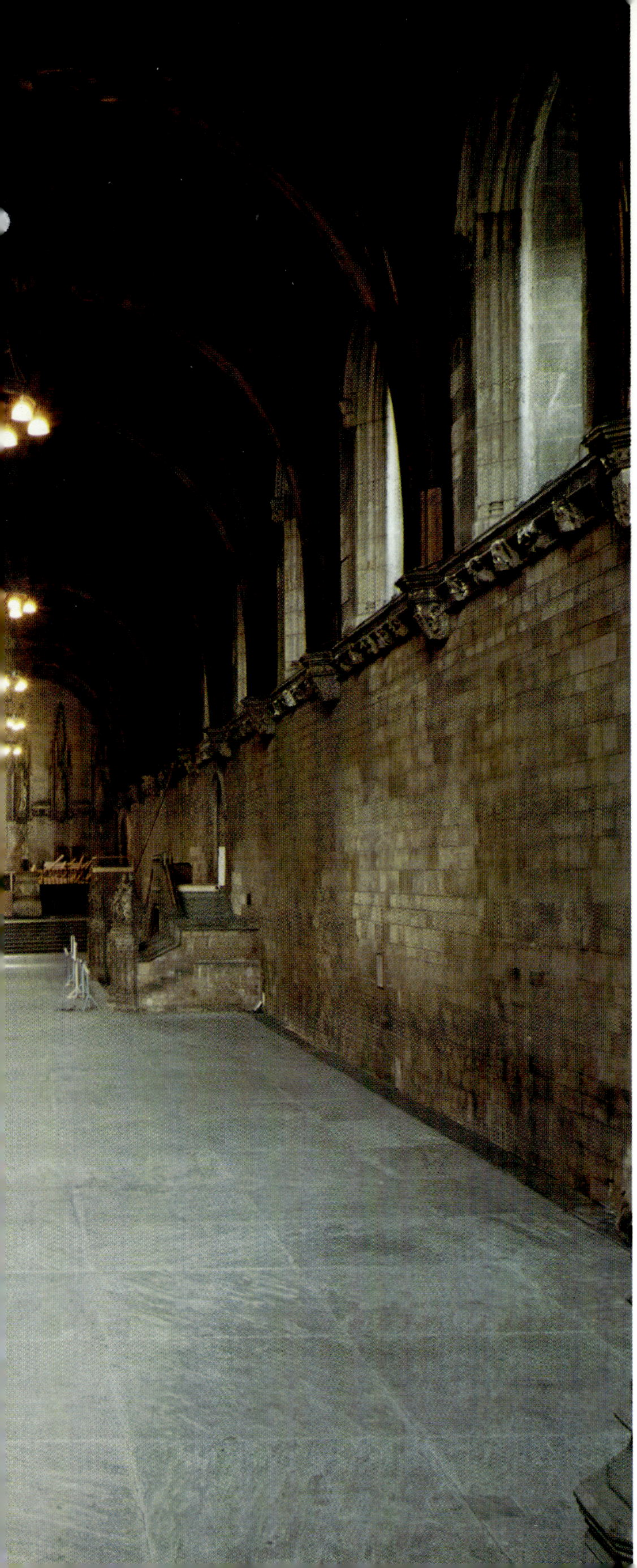

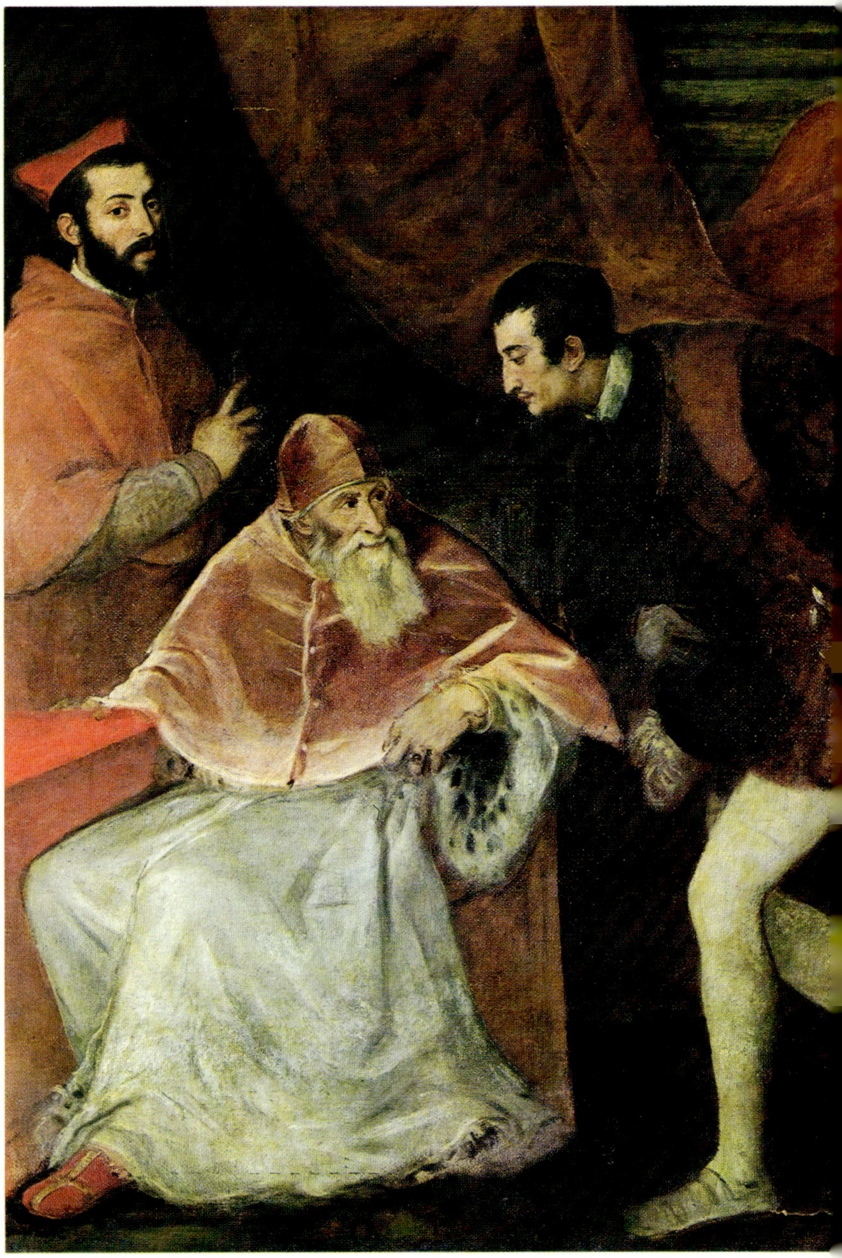

Jetzt begann eine lange Serie von gerichtlichen Verhören, denn der König versuchte es auf jede Weise, Thomas seinem Willen zu unterwerfen. Doch mit Hilfe göttlichen Beistands widerstand der tapfere Krieger Christi allen Versuchungen, auch von seiten seiner Familie, sich dem Willen des Königs zu unterwerfen.

41   *Thomas Mores Zelle im Tower*
42   *Erzbischof Thomas Cranmer*

Thomas More wurde 15 Monate im Tower gefangengehalten, an einem Ort, der gewöhnlich Männern vorbehalten war, die schwerster Verbrechen schuldig waren. Am 1. Juli 1535 wurde er vom Tower zum Westminster-Palast geführt, wo das höchste Gericht des Königreiches tagte, damit er vom königlichen Ankläger formell angeklagt werde. So war Thomas gezwungen, an jenem Ort des Hochverrats angeklagt zu werden, wo er selbst vor nicht langer Zeit als oberster Richter zur Freude des ganzen Königreiches den Ehrenplatz eingenommen hatte.
Zwölf Männer wurden bestimmt, die nach dem Brauch in diesem Land alle Argumente von Anklage und Verteidigung zu prüfen und bei Kapitalverbrechen zu urteilen hatten. Schon nach einer Unterbrechung von nur einer Viertelstunde – es braucht keine lange Beratung, wenn nicht das Recht, sondern der Wille des Königs zur Debatte steht – kehrten diese Geschworenen zurück und gaben ihr Urteil: schuldig – zum Tode verurteilt.
Bei früheren Verhören hatte Thomas gesagt: „Der König kann gewählt und eingesetzt werden durch die Autorität des Parlaments, und alle Engländer sind zum Gehorsam verpflichtet. Doch durch keine Macht im Königreich kann der König gesetzlich zum Haupt der Kirche von England erklärt werden. Denn Oberhaupt der Kirche zu sein und in geistlichen Fragen zu urteilen, ist Sache von Glauben und Religion und fällt nicht in die Zuständigkeit der weltlichen Macht."
In seinem Schlußwort nach der Verurteilung sagte Thomas: „Ihr, meine Herren Lords, habt als Fürsten des Königreiches ausdrücklich versprochen und Euer Versprechen mit einem Eid bekräftigt, daß Ihr die Rechte der Kirche achten und ungeschmälert halten wollet. Deshalb muß ich Euch sagen, daß Ihr großes Unrecht getan habt, indem Ihr dieses Gesetz erlassen habt. Denn in diesem Königreich steht Ihr allein und im Gegensatz zur einhelligen Haltung der Christenheit. Euer Gesetz hat die Einheit, den Frieden und den Zusammenhalt der Kirche aufgelöst und zerstört. Die Kirche ist aber, wie jeder weiß, ein Leib, der eins ist, weltweit, ganz und unteilbar. Und deshalb darf und kann in religiösen Fragen nichts entschieden werden ohne die Zustimmung der ganzen Kirche. Ich weiß jedoch genau, was der Hauptgrund meiner Verurteilung ist: Ich bin verurteilt, weil ich niemals meine Zustimmung zu dieser neuen Heirat gegeben hätte... Ich bete zu Gott, er möge Euch alle beschützen und besonders meinen Herrn, den König, und ich bete, daß Gott ihm immer ehrliche Berater geben möge."

43   *Papst Clemens VII.*
44   *Westminster Hall, wo Thomas verurteilt wurde*
45   *Papst Paul III.*

Ende Mai 1535 kam die Nachricht nach England, Papst Paul III. habe Bischof John Fisher von Rochester, der wie Thomas wegen der Verweigerung des Eides im Tower gefangen saß, zum Kardinal ernannt. Der Gesandte Kaiser Karls V. am englischen Hof, Eustace Chapuys, berichtete an den Kaiser: „Sobald der König erfahren hatte, daß der Bischof von Rochester zum Kardinal ernannt sei, erklärte er mehrmals voller Wut, er würde dem Bischof einen anderen Hut (anstelle des Kardinalshutes) geben und dann seinen Kopf zum Empfang des Kardinalshutes nach Rom senden. Und er schickte sofort Mitglieder seines Kronrates in den Tower, die nochmals versuchen sollten, den Bischof und Thomas More zum Eid auf den König als Haupt der Kirche von England zu bewegen. Andernfalls sollten beide vor dem Johannestag (24. Juni) als Vaterlandsverräter hingerichtet werden."

Thomas More stand während seiner Haft im Tower in besonders engem Kontakt mit seiner Tochter Margaret, mit der er lange Gespräche führte und Briefe wechselte. Einmal sagte Thomas zu Margaret: „Im Vertrauen auf Gott, meine liebe Meg, bin ich sicher, daß Gott in seiner Liebe meine arme Seele aufnehmen und mich seiner Gnade würdig machen wird. Und deshalb, meine gute Tochter, quäle dich nicht länger darüber, was mir auf dieser Welt noch geschehen mag. Denn ich bin gewiß, was es auch immer sein und wie schrecklich es auch scheinen mag, für mich wird es sich als das Beste erweisen."

46 *Thomas More im Gefängnis*
47 *Margaret Roper*

Als der Tag gekommen war, der Thomas More den Tod oder, besser, das Leben bringen sollte, wurde er aus dem Gefängnis geführt. Sein Bart war lang geworden und ungepflegt, sein Gesicht bleich und eingefallen durch die Leiden der Haft. In seiner Hand trug er ein rotes Kreuz, seine Augen waren zum Himmel erhoben. Seine Kleidung war erbärmlich und aus schlechtestem Stoff. Auf dem Richtplatz verband er sich selbst die Augen mit einem Tuch, das er mitgebracht hatte, und freudig und voll Ruhe legte er seinen Kopf auf den Richtblock. Sein Haupt fiel mit einem Streich, und seine Seele schwebte zum Himmel.

Sein Kopf wurde auf Befehl des Königs auf das Gitter der London Brücke gespießt, wo er fast einen Monat hing, bis er entfernt wurde, um für andere Köpfe Platz zu machen. Der Kopf wäre in die Themse geworfen worden, wenn nicht Margaret Roper die Gelegenheit abgepaßt hätte, um durch Bestechung des Aufsehers die heilige Reliquie in ihren Besitz zu bringen. Margaret behielt das Haupt ihres Vaters bei sich, solange sie lebte. Der Leib des Thomas wurde durch Margaret Roper und Margaret Clement in der kleinen Kirche von St. Peter im Tower bestattet.

Das Haupt des Thomas wurde, vermutlich von Margarets ältester Tochter, Lady Elizabeth Bray, in der Kapelle der Familie Roper in St. Dunstan in Canterbury beigesetzt.

48 *Richtblock und Richtbeil im Tower*
49 *St. Dunstan in Canterbury*

Thomas More erlitt den Tod für den Primat des Papstes, das eine und einzige Oberhaupt der Kirche. Und wahrlich hängt von diesem Primat der Frieden, die Ordnung und die Einheit der Kirche ab, denn wenn diese Stellung nicht anerkannt wird, ist der Weg offen für Häresie, und Wölfe verwüsten ungestraft die Herde, wie es das unglückliche Beispiel Englands anderen Nationen beweisen kann.

Thomas jedoch, seiner Plagen und Sorgen ledig, thront verherrlicht im Himmel, und auf Erden erfreut sein Lobpreis nicht nur die Guten, sondern sogar die Bösen.

Am 29. Dezember 1886 wurde Thomas More durch Papst Leo XIII. seliggesprochen, und am 6. 7. 1935 wurde er zum Heiligen erklärt.

50 *Medaillon aus dem Besitz Thomas Mores mit der Darstellung vom Kampf des hl. Georg mit dem Drachen in Email*

Bildregister

1 Rose aus Schmiedeeisen am Gitter von Hampton Court (vgl. 30). – Die Rose war das Zeichen der rivalisierenden Häuser Lancaster (rote Rose) und York (weiße Rose), die in den Rosenkriegen (1455–1485) um die englische Königskrone kämpften. Das Geschlecht der Tudor als Erben der Roten Rose errang 1485 schließlich den Thron.

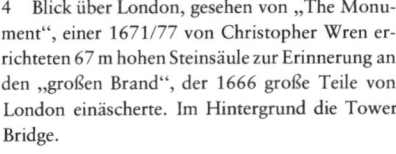

4 Blick über London, gesehen von „The Monument", einer 1671/77 von Christopher Wren errichteten 67 m hohen Steinsäule zur Erinnerung an den „großen Brand", der 1666 große Teile von London einäscherte. Im Hintergrund die Tower Bridge.

2 Der Round Tower von Windsor Castle. Der unter Edward III. errichtete Turm nimmt die Stelle des ersten Bergfrieds dieser schon von William dem Eroberer um 1078 erbauten Burg ein. Die durch Um- und Anbauten im Laufe der Jahrhunderte zum größten bewohnten Schloß der Welt angewachsene Anlage ist seit 9 Jahrhunderten die Sommerresidenz des englischen Königshauses.

3 König Heinrich VII., 1457. Er beendete als Verwandter des Hauses Lancaster und Gemahl Elisabeths von York, der Tochter Edwards IV., mit der Schlacht bei Bosworth die Rosenkriege und errang als erster Tudor die englische Krone (1485–1509). Gemälde (1505) eines Unbekannten; London, National Portrait Gallery.

5 Morton House in Hatfield, Hertfordshire, die Sommerresidenz John Mortons, des Erzbischofs von Canterbury, der den jungen Thomas More um 1490 zur Ausbildung als Pagen angenommen hatte. Das Anwesen, „eines der bedeutendsten Denkmäler mittelalterlicher Backsteinarchitektur (um 1480–1490) des Landes", das auch The Old Palace oder Hatfield House genannt wird, ist heute im Besitz der Marquess of Salisbury.

6 Alte Eiche im Park von Morton House (vgl. 5).

11 Gang in Charterhouse, dem 1371 gegründeten Kartäuserkloster von London, das 1537 aufgehoben und 1611 in ein „Hospital for poor Gentlemen" umgewandelt wurde. Nach dem Zeugnis seiner Biographen suchte Thomas More das Kloster häufig auf, um hier zu fasten und zu beten.

7 Morton's Tower (1490), benannt nach Erzbischof Morton, dem Gönner des jungen More, bildet den Eingang zu Lambeth Palace, der Ende des 12. Jh. erbauten Residenz der Erzbischöfe von Canterbury in London.

12 Fachwerkhäuser von Staple Inn (16. Jh.). Hier wurde von Heinrich V. (1413–1422) einer der neun Londoner Inns of Chancery eingerichtet, eine Rechtsschule, die von den Studenten besucht werden mußte, bevor sie ihr Studium an einem Inn of Court (vgl. 10) beendeten und vor Gericht auftreten konnten.

8 Innenhof des 1525 von Kardinal Wolsey gegründeten Christ Church College in Oxford. In diesem größten der Oxforder Colleges ging das Canterbury College auf, an dem Thomas More vermutlich von 1492–1494 studierte.

13 Wappen der Mercer's Company. Diese schon im 12. Jh. von Londoner Krämern gegründete, 1393 als Zunft eingeführte Vereinigung war die ranghöchste und reichste aller Stadtzünfte. Thomas More war als junger Anwalt erfolgreich für die Mercers tätig. Das Wappen, Aquarell auf Papier (1634), befindet sich in Mercer's Hall, dem nach dem Zweiten Weltkrieg neu erbauten Zunfthaus.

9 Thomas More. Ausschnitt aus einer Miniatur (1532/34) von Hans Holbein d. J. – London, Lincoln's Inn.

10 Blick in die Gärten von Lincoln's Inn, eine der vier großen Rechtsschulen (Inn of Court) von London. Die seit Anfang des 14. Jh. bestehende Vereinigung von Anwälten verlegte um 1420 ihren Sitz an diese Stelle. Thomas dürfte etwa ab 1495 hier tätig gewesen sein.

14 Blick in die „Große Halle" der 1411–1425 erbauten Guildhall, dem Rathaus von London, die mit den Wappenfahnen der 12 großen Stadtzünfte (hinten links die Fahne der Mercers Company) geschmückt ist. Als Unter-Sheriff von London war Thomas More oft im Rathaus tätig.

15 Thomas More. Gemälde (Ausschnitt) eines Unbekannten. Wie fast alle Bildnisse Thomas Mores läßt auch diese Miniatur den beherrschenden Einfluß und die Abhängigkeit des Malers von den durch Hans Holbein d. J. geschaffenen More-Porträts erkennen (vgl. 46).

20 Katharina von Aragon heiratete Heinrich VIII. 1509 und gebar dem König mehrere Kinder, von denen nur Mary (* 1516, von 1553–1558 als Maria die Katholische, Königin von England) überlebte. 1533 erzwang Heinrich die Scheidung, die zur Ursache der Trennung der Kirche Englands von Rom wurde. Katharina starb 1536. Gemälde eines Unbekannten. – London, National Portrait Gallery.

16 Englische Weidelandschaft in Hertfordshire, in der Nähe lag der Landsitz der Familie More.

17 Peter Gilles (Peter Aegidius) aus Antwerpen mit einem Brief des Thomas More in der Hand. Gemälde von Quentin Metsys (um 1517). Es handelt sich vermutlich um eine Replik des Bildes, das der Maler zusammen mit einem Porträt des Erasmus als Geschenk für Thomas More malte (vgl. Text S. 72). – Antwerpen, Museum vor schoone Kunsten.

21 Thomas More im Kreise seiner Familie. Aquarellskizze von Rowland Locky (um 1590) nach dem Gemälde von Hans Holbein d. J. von 1527 (vgl. Entwurf S. 22/23). – London, Victoria-and-Albert-Museum.

18 Erasmus von Rotterdam. Gemälde (1530) von Hans Holbein d. J. – Parma, Pinacotheca Communale.

22 Die Kirche St. Mary von North Mimms, wo das Landgut der Familie More lag.

19 Heinrich VIII. im Alter von etwa 30 Jahren. Gemälde (Ausschnitt) eines Unbekannten. – London, National Portrait Gallery.

23 Haus im typischen Tudorstil in Chelsea. So etwa dürfte das Haus von Thomas More, das nicht erhalten ist, ausgesehen haben. Dieses Haus, Crosby Hall genannt, soll sich im Besitz Thomas Mores befunden haben. Es wurde 1910 neben die Old Church von Chelsea versetzt.

24 Die Themse in Chelsea. Auch der von Thomas More so geschätzte Garten, der sich von seinem Haus bis an die Themse erstreckte, ist heute überbaut. Für Thomas war die Themse der bequemste Weg, um von Chelsea in die City zu kommen.

29 Kardinal Thomas Wolsey (1474–1530). Wolsey wurde 1515 Lordkanzler Heinrichs VIII. und war bis zu seiner Amtsenthebung 1528 Leiter der gesamten englischen Politik. Gemälde (Ausschnitt) eines Unbekannten. – London, National Portrait Gallery.

25 Die More Kapelle in der Old Church von Chelsea. Dieser Teil der Kirche blieb unversehrt von den Bomben des Zweiten Weltkriegs. An der Wand der Epitaph des vorgesehenen Familiengrabes (vgl. Inschrift S. 89).

30 Westfassade und Portal von Schloß Hampton Court. Es wurde von 1514–1526 von Kardinal Wolsey errichtet, der es 1528 König Heinrich VIII. schenkte, um dessen Gunst zurückzugewinnen. Das Schloß wurde unter Heinrich VIII. erweitert, Teile wurden im 17. Jh. durch Christopher Wren erneuert. Der Palast besitzt etwa 1000 Zimmer, reiche Kunstschätze (vgl. 31) und berühmte Gartenanlagen.

26 Das silberne Siegel Thomas Mores mit dem Familienwappen, das als Helmzier einen Mohrenkopf zeigt. Es ist nicht geklärt, ob der Name Morus von Maurus = Mohr oder mores = Sitten abgeleitet ist. – Stony Hurst College bei Blackburn, Lancashire (vgl. Nr. 50).

27 Die Markthallen zu Brügge (13. Jh.) werden überragt von dem 80 m hohen Turm (Belfried), in dem sich ein berühmtes Glockenspiel (49 Glocken) befindet.

31 Heinrich VIII., begleitet von Thomas More, Kardinal Wolsey und Bischof John Fisher (vgl. S. 51) auf dem Weg zum Treffen mit Franz I. von Frankreich auf dem „Field of Cloth of Gold" bei Arras im Juni 1520. – London, Lord Chamberlain's Office (Ausschnitt, „Copyright reserved").

28 Urkunde eines Vertrags mit Kaiser Karl V. vom 14. Juli 1520 mit der Unterschrift Thomas Mores. – Lille, Service d'Archives.

32 König Franz I. von Frankreich. Gemälde (Ausschnitt) von Jean Clouet (?) um 1540. – Florenz, Uffizien.

33 Martin Luther, Gemälde (21 × 14,5 cm) auf Holz (1533) von Lucas Cranach d. Ä. – Braunschweig Herzog Anton Ulrich-Museum (Museumsfoto B. P. Keiser).

38 Der „White Tower" bildet den Kern der um 1078 unter Wilhelm dem Eroberer erbauten Festung des Tower of London. Die mehrfach erweiterte Anlage diente als Staatsgefängnis und ist Aufbewahrungsort der englischen Kronjuwelen.

34 Papst Leo X. mit den Kardinälen Giulio de' Medici und Luigi de' Rossi. Gemälde (1518) von Raffael. – Florenz, Palazzo Pitti.

39 Heinrich VIII. im Hochzeitsgewand im Alter von 49 Jahren. Gemälde (1540) von Hans Holbein d. J. – Rom, Nationalgalerie.

35 Heinrich VIII. Gemälde (1536/37) von Hans Holbein d. J. – Lugano, Sammlung Thyssen.

40 Anne Boleyn, die Heinrich VIII. als zweite Frau im Oktober 1532 heiratete und 1536 wegen Untreue hinrichten ließ. Anne ist die Mutter von Elizabeth, die von 1558–1603 als Elizabeth I., die „jungfräuliche Königin", die Vormachtstellung Englands begründete. Annes Heirat war der eigentliche Grund für die Hinrichtung Thomas Mores. Gemälde eines Unbekannten. – London, National Portrait Gallery.

36 Eine „Goldene Rose", wie sie die Päpste seit dem 11. Jh. am 4. Fastensonntag (Laetare) weihten und verdienten Persönlichkeiten als Auszeichnung übersandten. Papst Leo X. hatte Heinrich VIII. am 11. Oktober 1521 wegen seiner gegen Luther gerichteten Schrift „Assertio Septem Sacramentorum" den Titel „Defensor Fidei" verliehen. Die abgebildete Rose (Höhe 60 cm) aus dem 14. Jh. war das Geschenk an einen Bischof von Basel. – Paris, Musée de Cluny.

41 In diesem Raum des Bell Towers saß Thomas More 15 Monate bis zu seiner Hinrichtung in Haft.

37 Thomas More als Lordkanzler. Gemälde (1527) von Hans Holbein d. J. Es handelt sich um das schönste der Holbein-Porträts von Thomas More. – New York, Frick Collection.

42 Thomas Cranmer, Kaplan der Anne Boleyn und seit 1532 Erzbischof von Canterbury, sprach als Primas von England die Scheidung Heinrichs VIII. von seiner ersten Frau Katharina aus, vollzog die Trauung Heinrichs mit Anne Boleyn und schuf die dogmatische Grundlage der Anglikanischen Kirche. 1556 wurde er unter Maria der Katholischen (vgl. 20) auf dem Scheiterhaufen verbrannt. Gemälde (Ausschnitt) von G. Fliccius. – London, National Portrait Gallery.

43 Papst Clemens VII. (1523–1534). Er exkommunizierte am 11. 7. 1533 Heinrich VIII. Gemälde (1526) von Sebastiano Piombo. – Neapel, Museo Capodimonte.

47 Margaret More, Thomas Mores älteste Tochter (1505–1545), verheiratet mit William Roper. Ausschnitt aus dem nach Holbeins Familienbild für Mores Enkel Thomas 1593 gemalten Familienporträt. – London, National Portrait Gallery.

44 Blick in die Westminster Hall in London, in der vom 13. Jh. bis 1825 der oberste englische Gerichtshof tagte, der 1535 auch das Urteil über Thomas More fällte. Westminster Hall ist der älteste erhaltene Teil des mittelalterlichen Palace of Westminster, heute innerhalb des Parlamentsgebäudes. Die 79 m lange, 22 m breite und 30 m hohe Halle wurde ab 1394 erbaut. Berühmt ist die Deckenkonstruktion aus geschnitzten Eichenbalken.

48 Richtblock und Richtbeil aus der Zeit des Thomas More. – London, Tower.

45 Papst Paul III. (1534–1549) mit den Nepoten Ottavio und Kardinal Alessandro Farnese. Er erregte durch die Ernennung Bischof John Fishers zum Kardinal (1535) den Zorn Heinrichs VIII., der daraufhin die Vollstreckung des Todesurteils an Fisher und Thomas More rascher als vorgesehen durchführen ließ. Gemälde (1546) von Tizian. – Neapel, Museo Capodimonte.

49 Kirche St. Dunstan (14./15. Jh.) in Canterbury. Der Backsteinanbau ist die Ropers Kapelle, in der das Haupt Thomas Mores beigesetzt ist. In dieser anglikanischen Kirche wird alljährlich am Todestage Thomas Mores ein ökumenischer Gottesdienst gehalten.

46 Thomas More im Kerker mit dem roten Holzkreuz, das er auch auf dem Weg zur Hinrichtung trug. Das Porträt bildet zusammen mit Bild 15 ein Diptychon, das sich im Privatbesitz von Mr. Thomas Eyston, einem Nachfahren der Familie More, befindet. – Hendred House, Wantage, Berkshire.

50 Georg im Kampf mit dem Drachen. Gold-Email-Medaillon aus dem Besitz Thomas Mores. Gefertigt nach einem Entwurf Hans Holbeins. Diese persönlichen Besitztümer Thomas Mores (vgl. auch Nr. 26) sind vermutlich durch den letzten Nachkommen Mores, der Provinzial der englischen Jesuiten war, in den Besitz des Jesuiten-Colleges gelangt. – Stony Hurst College bei Blackburn, Lancashire.